Amerikas

Waffenausfuhr und Neutralität.

Von

Professor Dr. Heinrich Pohl.

Berlin 1917.

J. Guttentag, Verlagsbuchhandlung,
G. m. b. H.

Inhalt.

I.

Umfang und Bedeutung der amerikanischen Kriegslieferungen.

Das deutsche Heer bietet seit $2^1/_2$ Jahren dem Feinde und seinem fortgesetzten Masseneinsatz an Menschen und Material, das durch die Kriegsindustrie der ganzen Welt in vielmonatiger Arbeit bereitgestellt wurde, die Stirn. Die oft wiederholten Anläufe der Feinde scheiterten und scheitern unter schwersten Opfern ohne entscheidenden Erfolg. Der Erste Generalquartiermeister Ludendorff hob es in seinem Bericht vom 26. September 1916 zum Ruhm unserer Somme-Kämpfer besonders hervor, daß sie den Erzeugnissen der Kriegsindustrie der ganzen Welt standgehalten haben. Und jedermann im deutschen Volk wußte es, welches „neutrale“ Land unseren Feinden diesen fortgesetzten Masseneinsatz von Artillerie und Munition ermöglichte und so unzählige für die Heimat, für Weib und Kind ringende deutsche Soldaten verbluten ließ: Amerika!

Fortgesetzt spielte sich zwischen den Vereinigten Staaten von Amerika und den Ententemächten ein Handelsverkehr mit Kriegsbedarf im größten Umfange ab, während die Mittelmächte vom amerikanischen Markte völlig abgeschlossen waren. Nach einer amtlichen amerikanischen Mitteilung haben die amerikanischen Kriegslieferungen an die Vierverbandsmächte in der Zeit vom August 1914 bis zum 31. Mai 1916 rund 500 Millionen Dollars betragen, während in den drei Jahren vor dem Kriege nur für $2^1/_2$ Millionen Dollar Kriegsmaterial ausgeführt wurde. Dabei führt diese amtliche Mitteilung nur diejenigen Sendungen an, welche bei der Ausfuhr als Kriegsmaterial deklariert worden waren. Es kann nicht bezweifelt werden, daß die wirkliche Ausfuhr viel bedeutender ist.

Der gewaltige Vorteil, den Nordamerika aus dem Kriege gezogen hat und der noch in fortwährender Steigerung begriffen ist, geht deutlich hervor aus den einzelnen amerikanischen Handelskammerberichten, die durch das Handelsdepartement in Washington veröffentlicht worden sind.

Die „Neue Preußische (Kreuz-) Zeitung“ schrieb darüber in ihrer Nr. 553, Morgen-Ausgabe vom 29. Oktober 1916:

„Diese Berichte, die sich auf die ersten sieben Monate des Jahres 1916, vom 1. Januar bis zum 1. August, beschränken, berechnen den Gesamtwert der Ein- und Ausfuhr, der in der gleichen Zeit des Vorjahres 2 979 331 765 Dollar betrug, in diesem Jahre mit 4 394 040 096 Dollar. Der Wert der Ausfuhr überstieg den der Einfuhr ganz bedeutend, da er sich auf nahezu 3 Milliarden (2 926 221 372) Dollar belief, etwa eine Milliarde mehr, als in der gleichen Zeit des vergangenen Jahres, das von den amerikanischen Blättern als ein „überraschend ertragreiches“ bezeichnet worden war. Die Einfuhr ist dagegen nur um 450 Millionen Dollar gestiegen: von 1 009 054 558 Dollar auf 1 467 819 574. Ein- und Ausfuhr der ersten sieben Monate dieses Jahres erreichen mit der angegebenen Summe von 4 394 040 096 Dollar eine größere Höhe, als der Gesamtwert im ganzen Jahre 1914 betrug, in dem er auf 4 258 504 805 Dollar berechnet worden ist.

Die engsten Handelsbeziehungen bestehen zwischen den Vereinigten Staaten und England mitsamt seinen größten Kolonien: Kanada, Indien, Australien, Neuseeland und Südafrika, denn Amerika führte vom Januar bis Juli nach England und in die englischen Besitzungen Waren im Werte von 1 442 955 030 Dollar ein, während die englische Einfuhr in die Vereinigten Staaten nur 486 178 087 Dollar betrug. Aus diesen Ziffern läßt sich bereits ersehen, in welche wirtschaftliche Abhängigkeit England von den Vereinigten Staaten gekommen ist. Dabei übersteigt der Wert der Ein- und Ausfuhr des englischen Mutterlandes den der Kolonien ganz bedeutend, da England von der angegebenen Summe den Betrag von 1 048 520 721 (gegen 660 729 440 im verflossenen Jahre) lediglich für seinen europäischen Besitz bedurfte.

Wie England, so wuchsen auch die anderen kriegführenden Staaten in das Schuldverhältnis zu den Vereinigten Staaten hinein; so hat sich der Ausfuhrhandel mit Japan verdoppelt, der mit Rußland gar versechsfacht. Mit Recht kann angesichts der angegebenen Ziffern der amerikanische Handelsbericht von dem sichtbar zunehmenden Wohlstand der Vereinigten Staaten reden, betont er doch zudem noch ausdrücklich, daß sie niemals im Verlauf ihrer ganzen Geschichte ein so günstiges Geschäftsjahr erlebt hätten wie das gegenwärtige."

Nach „Daily Telegraph" vom 24. Januar 1917 war der Gesamtumsatz Amerikas im Außenhandel im Jahre 1916 der größte je erlebte; er betrug 7 873 000 000 Dollar. Die Ausfuhr erreichte 5 481 000 000 Dollar, also 1 926 000 000 Dollar mehr als 1915. Die Einfuhr umfaßte 2 392 000 000 Dollar. Die Handelsüberbilanz ergab 3 089 000 000 Dollar gegen 1 776 000 000 Dollar im Jahre 1915. Fürst von Bülow schreibt in seiner „Deutschen Politik" (Berlin 1916) Seite 51: „Ein Triumphgesang, wie ihn am Schluß des Jahres 1915 in satter Selbstzufriedenheit der amerikanische Schatzsekretär mit einem mitleidigen Seitenblick auf das durch den Weltkrieg „dezimierte und verarmte Europa" über den noch nicht dagewesenen wirtschaftlichen Aufschwung der Vereinigten Staaten seit dem Beginn dieses Krieges angestimmt hat, ist selten oder nie gehört worden."

Selbstverständlich wurde amerikanischerseits behauptet, der amerikanische Munitionshandel mache nur einen unerheblichen Bruchteil der Gesamtausfuhr aus. Man wird nicht übersehen dürfen, daß bei der Zusammenstellung der amtlichen Ausfuhrstatistiken der Vereinigten Staaten das Bestreben vorwaltete, die Ausfuhr von direktem Kriegsmaterial möglichst zu verschleiern. Es ist bekannt, daß die Anfertigung und Versendung von Artilleriegeschossen (leer und geladen) und Teilen von Geschossen, z. B. Kartuschen und Zündern, einen Umfang und Wert hatte, der von keinem anderen Kriegsmaterial übertroffen wurde. Gleichwohl wurden diese Materialien in der Statistik nicht besonders genannt, sondern, soweit sie überhaupt deklariert worden sind, unter statistischen Bezeichnungen untergebracht, aus denen ihre Identität nicht mehr erkenntlich war. So wurden z. B. die geladenen Artilleriegeschosse unter der Bezeichnung „Sprengstoffe, nicht besonders genannt" aufgeführt. Die außerordentliche Höhe der Ausfuhrziffer in der Rubrik „Waren aus Stahl, nicht besonders genannt" ist dadurch veranlaßt, daß die zur Ausfuhr gelangten leeren Geschoßmäntel unter dieser statistischen Bezeichnung untergebracht worden sind. So sind verschiedene für die Kriegführung sehr wichtige Materialien in den Ausfuhrstatistiken der Vereinigten Staaten verdeckt. Die auffallende Höhe des Ausfuhrwertes von Waren aus Kupferlegierungen ist auf die Ausfuhr von Geschoßzündern und Kartuschen, die getrennt von Geschossen aufgeführt wurden, zurückzuführen. Auch die ausgeführten Kupfer- und Aluminiumwaren dürften hauptsächlich aus Geschoßteilen, Zündern usw. bestanden haben. Die Großausfuhr von Pikrinsäure fällt statistisch unter die allgemeine Bezeichnung „Säuren". Die außerordentliche Steigerung des Ausfuhrwertes bei der Ziffer „Chemikalien, nicht besonders genannt" dürfte der Ausfuhr von Teerdestillaten (Benzol, Phenol, Toluol usw.) und von Nitroverbindungen von Teeröldestillaten zur Verwendung bei der Herstellung von Sprengstoffen und Pulver zuzuschreiben sein. Zu den „Handfeuerwaffen" sind die Maschinengewehre zu rechnen, und die in der Statistik angegebenen Werte für „Patronen für Handfeuerwaffen" schließen die Maschinengewehrpatronen ein. In anbetracht des ungeheuren Umfangs der Kriegsmaterialausfuhr ist es verständlich, daß sie von der amerikanischen Statistik mit sorgfältigster Zurückhaltung behandelt wird. Dies wird mit Recht von Dr. Franz Klein, Mitglied des österreichischen Herrenhauses, in seiner Schrift „Amerika und der europäische Krieg" (Wien, 1915, Seite 11) hervorgehoben.

Der Multimillionär Charles M. Schwab, einer der größten amerikanischen Munitionslieferanten und Präsident der „Bethlehem Steel Corporation", hat im Jahre 1916 in der amerikanischen Zeitschrift „System" einen Artikel geschrieben, aus dem eine wahre Angst vor dem Kriegsende sprach. Schwab führte u. a. aus, die Geschäftswelt begreife jetzt, daß die günstige Lage der gegenwärtigen Handelsverhältnisse ganz und gar der durch die Kriegsbestellungen geschaffenen Konjunktur zu verdanken sei. Wer anderer Ansicht sei, könne seine Behauptungen nur durch die größte Sophisterei stützen.

Es ist nicht leicht, über den Umfang der amerikanischen Kriegslieferungen im einzelnen annähernd genaue und zuverlässige Angaben zu machen. Von Anfang an mögen sich die amerikanischen Kriegslieferanten angesichts der Möglichkeit einer kommenden Kriegsgewinnsteuer über die wahre Höhe der ihnen erteilten Aufträge ausgeschwiegen haben. Ein im „Evening Standard“ vom 5. August 1916 veröffentlichter Bericht aus New York glaubte den Wert der seitens Englands, Frankreichs, Rußlands und Italiens erteilten Aufträge auf annähernd 600 000 000 Pfund Sterling schätzen zu können: „Den Anfang macht die Bethlehem Steel Corporation mit 60 000 000 Pfund Sterling für Geschütze und Munition. Ihr folgen die Du Pont Company mit 40 000 000 Pfund Sterling für Pulver und die Baldwin Lokomotiv-Werke mit 30 000 000 Pfund Sterling für Geschosse und Gewehre. Anderen 15 bis 20 amerikanischen Firmen wurden Lieferungen von Kriegsmaterial im Werte von 5 000 000 Pfund Sterling anvertraut.“

Die amerikanischen Munitionsfabriken haben während des Krieges so ungeheure Gewinne eingeheimst, daß sie den Wert der Maschinen schon innerhalb 1¼ Jahren fast gänzlich abschreiben konnten. „Besser als aus allen statistischen Zahlen erhellen die großen Interessen, die an diesem Zweig der Ausfuhr hängen, aus den erstaunlichen Kurssteigerungen in den Aktien derjenigen Gesellschaften, die hauptsächlich mit Kriegslieferungen beschäftigt sind“ (Dr. Franz Klein, Seite 11).

Längst wäre der Krieg beendigt, wenn die gewaltige amerikanische Waffen- und Munitionsausfuhr unterbliebe. Darüber ist kein Zweifel möglich. Im amerikanischen Senat fiel Ende Januar 1916 das Wort: „Die Aufrechterhaltung unseres Rechtes, Waffen zu verkaufen, ist der Lebensatem zur Verlängerung des Krieges in Europa gewesen.“ Und deutscherseits ist es oft und eindringlich dem offiziellen und inoffiziellen Amerika vor Augen geführt worden, daß der Fortgang des furchtbaren Krieges nur dieser Ausfuhr zuzuschreiben ist. Als der amerikanische Kriegskorrespondent Colonel Edwin Emerson im Sommer 1915 an den damaligen Chef des stellvertretenden Generalstabes Grafen Moltke die Frage richtete, wie lange nach seiner Ansicht der Krieg dauern werde, erhielt er die mit scharfer Betonung gegebene Antwort: „Das hängt ganz davon ab, wie lange Ihr Amerikaner fortfahren werdet, unsere Gegner mit Waffen, Munition und sonstigem Kriegsbedarf zu unterstützen. Deutschland befindet sich in der Lage eines von allen Seiten bedrängten Kriegers, dessen Feinde alle auf sein Herz zielen; jedesmal, wenn es diesem Krieger gelingt, den Feind zu entwaffnen, der ihm am meisten zusetzt — jedesmal wenn der Krieger dem Feinde das

Schwert aus der Hand schlägt, läuft ein sogenannter neutraler Zuschauer von hinten herbei und gibt dem geschlagenen Feinde eine neue Waffe in die Hand." Und Kronprinz Rupprecht von Bayern sprach sich einmal dem Berichterstatter der „New York Times" gegenüber dahin aus, daß an der Front seiner Armee sehr viele amerikanische Munition festgestellt worden sei. Diese sei der Grund, weshalb die französische Artillerie so verblüffende Mengen verschießen könne; er schätze, daß 50 Prozent der Granaten, die von den Franzosen verfeuert würden, amerikanischen Ursprungs eien. Die letzte französische Offensive würde ohne amerikanische Granaten nicht möglich gewesen sein. Amerikanische Munition verlängere den Krieg unzweifelhaft um viele Monate.

Herr Alfred H. Fried, der Führer der deutschen Pazifisten, weiß über die Bedeutung der amerikanischen Munitionslieferungen für den Fortgang des Krieges besser Bescheid als die deutschen Heerführer. Als ihm eine Dame mitgeteilt hatte, daß einer ihrer Söhne „einem amerikanischen Geschoß zum Opfer gefallen sei", brachte er es fertig, auszurufen: „So ist es denn unseren Haß-aposteln glücklich gelungen, den blinden Haß, den sie gegen England entfacht haben, auch auf die Vereinigten Staaten zu übertragen. Unsere Söhne fallen nicht mehr dem im Kriege mit uns befind-lichen Feinde zum Opfer, wie deren Söhne uns, sondern auch noch Amerika, das die Geschosse liefert! Es ist also möglich ge-wesen, im Volke die Meinung zu verbreiten, daß die Engländer und wohl auch die Franzosen den Krieg überhaupt nicht mehr weiter führen könnten, wenn sie nicht Kriegsmaterial von Amerika bekämen. Welch ungeheuerliche Verdrehung der Tatsachen!" Für Herrn Alfred H. Fried ist es klar, daß ein Reich von der Größe des britischen sich das nötige Material von wo anders beschaffen würde, wenn es von Amerika nichts geliefert bekäme. In den Augen des Herrn Alfred H. Fried ist es „Torheit" glauben zu machen, der Untergang der 5000 Kisten, die mit der „Lusitania" untergingen, habe auch nur einen einzigen Deutschen am Leben gehalten. „Das durch den deutschen Torpedoschuß vernichtete Kriegsmaterial wird einfach durch anderes ersetzt werden", schreibt Herr Alfred H. Fried. Nur ihm sind anscheinend die zeitweisen großen Munitionsnöte der Entente ganz unbekannt geblieben. Die „Weser-Zeitung" (Nr. 24 707 vom 21. Juli 1915) meinte dazu:

„Wenn er aber doch davon gehört hatte, na, dann liegt die Sache für ihn noch schlimmer." In der Tat — ein sonderbarer Friedensfreund!

II.

Deutschlands Haltung im spanisch-amerikanischen Kriege.

Dankbarkeit ist keine Münze, die unter Politikern aufs Brett gezählt wird. Und so hätten wir in dieser rechtlichen und politischen Studie keinen Anlaß, das Thema der Dankbarkeit oder des Undanks Amerikas anzuschneiden, wenn nicht Herr Wilson so oft und so feierlich ethische und moralische Gesichtspunkte betont hätte, um seine Stellungnahme zur Frage der Munitionslieferungen zu verteidigen. Deutsche und Amerikaner haben unter Washington Schulter an Schulter für die Befreiung Nordamerikas vom englischen Joch gekämpft und geblutet. An 200 000 Kämpfer deutschen Blutes haben während des Bürgerkrieges für die amerikanische Sache gefochten. Das Beste, was sie haben, verdanken die Amerikaner dem Deutschtum, das niederzuringen England mit Hilfe amerikanischer Waffen und Kugeln sich vergeblich bemüht.

In den Kriegen, die Nordamerika geführt hat, hatte die Washingtoner Regierung niemals Anlaß, sich darüber zu beklagen, daß ihre Feinde von uns Waffen bezögen. Zwar verkauften deutsche Firmen ihre Fabrikate an alle Kunden ohne Unterschied der Nationalität. Das ist ja ihr Beruf und Erwerb, und in normalen Zeiten ihn zu behindern und einzuschränken, hat keine Regierung das Recht und die Pflicht. Und so hat Spanien vor dem Kriege 1898 in großen Mengen Mausergewehre von uns gekauft. „In dem Augenblick aber, in dem der Krieg ausbrach und wir unsere Neutralität erklärten, schob die deutsche Regierung jeder Waffenausfuhr nach Spanien, Kuba, Portoriko und den Philippinen einen Riegel vor." Als Zeugen hierfür konnte Graf Moltke in einer Unterredung mit dem Amerikaner Edwin Emerson sich auf die Erinnerungen von Andrew D. White berufen, der während jenes Krieges amerikanischer Botschafter in Berlin war und schon im Sommer 1988 öffentlich feststellte: Die deutsche Regierung habe dem Geiste und dem Buchstaben nach eine Neutralität betätigt, die weder kalt noch mißgünstig gewesen sei (Graf Reventlow,

Deutschlands auswärtige Politik 1888—1914. 5. Auflage. Berlin 1917. Seite 136, 137).

Andrew D. White schreibt in seinem Buche „Aus meinem Diplomatenleben“ (Berechtigte Übersetzung aus dem Englischen von H. Mordaunt, Leipzig 1906) Seite 289:

„Das Verhalten der deutschen Regierung . . ., besonders das des Auswärtigen Amtes unter Fürst Bülow und Baron von Richthofen tat alles, was wir nur wünschen konnten. Sie ging sogar so weit, uns bei einer Alarmbotschaft zu helfen. Der amerikanische Konsul in Hamburg hatte mir telephonisch die Nachricht zukommen lassen, ein spanisches Fahrzeug, das vermutlich Waffen für Kuba an Bord hätte, wäre im Begriff, den Hafen zu verlassen. Ich eilte auf das Auswärtige Amt und erwirkte, daß Zwangsmaßregeln ergriffen wurden; das Schiff, das inzwischen Hamburg verlassen hatte, wurde an der Mündung der Elbe eingeholt und einer Untersuchung unterworfen. Die deutsche Regierung hätte mein Ansuchen leicht mit der Begründung verwerfen können, daß die amerikanische Regierung sich gegebenenfalls stets geweigert hätte, sich in die Angelegenheiten fremder kriegführender Mächte zu mischen, und diese stets darauf verwiesen hätte, sich selbst zu helfen. Es drängte mich, meine Landsleute von diesem offenen Freundschaftsbeweis der deutschen Regierung in Kenntnis zu setzen. Ich tat das, als ich in Leipzig bei der Feier des 4. Juli eine Rede halten mußte . . .“

Auf diese Mitteilungen des White'schen Buches wies die deutsch-amerikanische Handelskammer hin, als sie am 3. April 1915 an das Staatsdepartement in Washington die Anfrage richtete, warum die Regierung der Vereinigten Staaten die Waffenausfuhr gestatte, während die deutsche Regierung im spanisch-amerikanischen Kriege bei einem verdächtigen Schiffe auf Veranlassung des damaligen amerikanischen Botschafters eingeschritten sei.

Die Antwort des Staatsdepartements an die deutsch-amerikanische Handelskammer gibt nähere Einzelheiten über den Vorfall, die von Interesse sind. Sie lautete nach der „Neuen Preußischen (Kreuz-) Zeitung“) Nr. 230, Morgenausgabe vom 7. Mai 1915:

„Die Tatsachen, wie sie in den Akten dieses Departements aufgezeichnet sind, scheinen folgende zu sein: Am 18. Mai 1898 wurde Botschafter Andrew D. White telephonisch von dem amerikanischen Konsul in Hamburg benachrichtigt, daß das spanische Schiff „Pinzon“ innerhalb einer Stunde nach Cardiff segeln würde, um dort eine Ladung Kohlen für einen spanischen Hafen an Bord zu nehmen. Ein Teil dieser telephonischen Konversation war unklar, und es konnte nicht klar verstanden werden, ob das Schiff aus anderen Gründen einer Beschlagnahme unterworfen werden könnte oder nicht. Der Botschafter begab sich darum, um eine Verzögerung durch weitere Erklärungen zu vermeiden, unverzüglich in das Auswärtige Amt und verlangte die Anhaltung und Durchsuchung des Schiffes, und es wurde ihm versprochen, daß alles Mögliche geschehen würde. Am nächsten Morgen empfing der Botschafter ein Telegramm von dem amerikanischen Konsul, daß die „Pinzon“ beim Passieren von Cuxhaven in der Nacht vorher auf Anordnung des deutschen Reichskanzlers durchsucht worden sei, aber daß keine Konterbande vorgefunden wurde. Nach Empfang dieser Information am 6. Juni 1898 instruierte das Departement den Botschafter wie folgt: In Anbetracht der berichteten Handlung der Kaiserlich Deutschen Regierung, die „Pinzon“ nach Konterbande zu durchsuchen, wünscht das Departement informiert zu werden, ob irgendwelche Gesetze oder Anordnungen in Kraft sind, welche die Verschiffung von Kriegskonterbande aus Hamburg oder irgend einem andern Hafen verbieten. Es wird angenommen, daß Sie diese Information erlangen können, ohne die deutsche Regierung darum zu ersuchen. Es ist wichtig, daß, falls solche Gesetze oder Anordnungen existieren, die Vereinigten Staaten oder ihre Agenten davon Kenntnis haben, damit Verlegenheiten vermieden werden, die entstehen könnten, wenn sie unter dem allgemeinen Gesetze des Völkerrechts dagegen protestieren, daß neutrale Regierungen die Ausfuhr von Waren, die lediglich als Kriegskonterbande betrachtet werden können, aus ihren Häfen gestatten. In Beantwortung dieser Instruktion berichtet der Botschafter am 22. Juli 1898, daß er, ohne sich an die deutsche Regierung um positive Information zu wenden, nicht imstande sei, festzustellen, ob irgendwelche Gesetzgebung in dem Kaiserreich in der Sache vorliege. Der Botschafter fügte hinzu, daß Deutschland keine Neutralitätsproklamation erlassen habe; daß im Reichstage die Frage der Konterbande nicht seit 1894 diskutiert worden sei, und daß der Botschafter keinerlei Kenntnis von irgendwelchen Anordnungen in der Angelegenheit seit dem Ausbruche des Krieges mit Spanien habe.“*)

Charles Nagel, der dem Kabinett des Präsidenten Taft angehörte, hat im „American Leader“ das Verhalten Deutschlands im spanisch-amerikanischen Kriege als ein wahrhaft neutrales hingestellt. Er richtet an seine Landsleute die Frage: „War es unneutral, als Deutschland während unseres Krieges mit Spanien auf unser Verlangen ein spanisches Schiff einholen und nach Waffen durchsuchen ließ, die auf Kuba gegen uns verwendet werden sollten, oder aber haben wir Deutschlands Vorgehen als einen jener Akte anständiger Rücksicht aufgefaßt, die eine Nation einer anderen befreundeten in vollständig gutem Glauben erweisen darf?“ (Das größere Deutschland, Jahrgang 1915, Seite 726.)

War es für die Herren in Washington nicht eine Pflicht der Dankbarkeit, amerikanische Waffenlieferungen an die Feinde Deutschlands zu verhindern, sofern die Neutralität der Vereinigten Staaten dies zuließ? Konnten wir nicht, falls das Neutralitätsrecht nicht im Wege stand, ein amerikanisches Ausfuhrverbot als „Akt anständiger Rücksichtnahme“ und der Dankbarkeit erwarten?

Im Weißen Hause entzog man sich der moralischen Pflicht unter Berufung auf das Neutralitätsrecht.

*) Während des Burenkrieges traf die deutsche Regierung eine ähnliche Entscheidung. Damals wurde in der Presse wiederholt berichtet, daß die Firma Krupp in Essen mit der schleunigen Ausführung eines großen Auftrages zur Lieferung von Stahlgranaten an England beschäftigt sei. Man warf dabei die Frage auf, ob es mit den Pflichten strenger Neutralität, die das Deutsche Reich in dem südafrikanischen Kriege beobachtete, verträglich erachtet werden könne, wenn Lieferungen von Kriegsmaterial aus Deutschland an eine der kriegführenden Parteien ausgeführt würden. Die deutsche Reichsregierung verneinte diese Frage, weshalb die Firma Krupp alsbald nach Erscheinen jener Meldungen ersucht wurde, die etwa beabsichtigte Absendung von Waffen, Munition, Geschützen oder anderweitigem Kriegsmaterial an eine der kriegführenden Parteien zu unterlassen („Norddeutsche Allgemeine Zeitung“ Nr. 10 vom 13. Januar 1900). Siehe Paul Einicke, Rechte und Pflichten der neutralen Mächte im Seekrieg nach dem Haager Abkommen vom 18. Oktober 1907. Tübingen 1912. Seite 87. — Über Bismarcks Stellungnahme gegen die englische Waffenlieferung 1870/71 vgl. das Blaubuch Franco-German War. No. 1 (1871), ferner Graf v. Bernstorff. Im Kampfe für Preußens Ehre. Berlin 1906, Seite 626 ff.; Geisberg, Bismarck und das Kriegsvölkerrecht. Leipzig 1913, Seite 149 ff.; Erinnerungen von Ernst Freiherrn von Plener. Erster Band. Stuttgart und Leipzig 1911. Seite 250, 251.

III.

Wilsons Neutralitätsauffassung.

Das Wesen der Neutralität eines Staates besteht im Nichtparteiergreifen in einem zwischen anderen Staaten ausgebrochenen Kriege. Welche Handlung oder Unterlassung als Parteinahme gelten muß, läßt sich im einzelnen nicht erschöpfend aufzählen. Das ist auch in dem Haager Neutralitätsabkommen nicht geschehen. „Ein wie ärmliches Ding wäre die Neutralität, wenn sich ihr Inhalt in jenen paar dürftigen Sätzen erschöpfte!" (Zitelmann). Selbst die sorgfältigste Kodifikation des Neutralitätsrechts vermöchte nicht alle möglichen Tatbestände in Einzelsätzen zu erfassen. Der Buchstabe dieser Einzelsätze des Neutralitätsrechtes tötet, wenn ihre Anwendung nicht getragen ist von dem lebendigen Geiste wahrer Unparteilichkeit. Das Bestehen auf dem nackten Buchstaben kann krasser Neutralitätsbruch sein.*)

Wilsons Verhalten in Sachen der Neutralität verriet bösen Willen oder einen vollständigen Mangel an Verständnis für das Wesen der Neutralität; er bestand auf einem Schein (vgl. Franz Klein, Seite 12, 13) und klammerte sich an die Buchstaben eines Satzes. Zudem schien er von der Vorstellung beherrscht zu sein, daß im Zweifelsfall das Unterlassen weniger Stellungnahme in sich schließe als das Tun, daß mithin das Gewährenlassen der (Munitions-) Lieferungen „neutraler" sei als das Verhindern, und mit dieser, der sonstigen amerikanischen Aktivität so wenig entsprechendern Trägheitsphilosophie hat er dann nicht nur sein Gewissen beruhigt, sondern zugleich der englischen Sache, der ja doch sein Herz gehört, einen unschätzbaren Dienst erwiesen.**)

Wilson hat eine ganz eigenartige Auffassung vom Wesen wahrer Neutralität bekundet. Er warnte die amerikanischen Bürger, irgendwelche Empfindungen zu äußern, die als einseitige Parteinahme in dem großen Weltkonflikte gedeutet werden könnten. Am 19. August 1914 richtete er an seine Landsleute die ernste Mahnung**):

*) Frankfurter Zeitung Nr. 201, Abendausgabe vom 22. Juli 1915. Siehe auch Kontreadmiral Carl Hollweg. Unser Recht auf den U-Bootskrieg. Berlin 1917. Seite 77—90, über den amerikanischen Waffenhandel Seite 83 ff.

**) Fleischmann in der Zeitschrift für Völkerrecht, Bd. IX (1916) S. 353. Siehe auch John L. Stoddard, Amerikas Stellung zum Weltkriege in der Deutschen Revue, Dezember-Heft 1915, Seite 256.

„... Die Wirkung des Krieges auf die Vereinigten Staaten wird von dem abhängen, was die amerikanischen Bürger sagen und tun. Jeder Mann, der Amerika wahrhaft liebt, wird im wahren Geist der Neutralität handeln und sprechen, das heißt im Geiste der Unparteilichkeit, Billigkeit und Freundlichkeit gegen alle Beteiligten ... Ich warne vor jenem tiefsten, feinsten und so wichtigen Neutralitätsbruch, der aus Einseitigkeit und leidenschaftlichem Parteiergreifen entstehen kann. Die Vereinigten Staaten müssen in diesen Tagen, die dazu angetan sind, die menschliche Seele in Versuchung zu führen, neutral bleiben, dem Namen und der Sache nach. Wir müssen unparteiisch sein in Gedanken und Taten, müssen unsere Gefühle im Zaume halten, so gut wie jede Handlung, die als die Bevorzugung irgendeiner der kämpfenden Parteien ausgelegt werden könnte."

Derselbe Wilson fand nichts dagegen zu erinnern, daß ganze Armeen amerikanischer Industriearbeiter Waffen und Munition in ungeheuren Mengen herstellten, die nur Deutschlands Feinden zugute kamen. Den Engländern und ihren Verbündeten Geschütze und Geschosse zu liefern, durch die tausende deutscher Frauen zu Witwen und tausende deutscher Kinder zu Waisen werden, ist ein unantastbares Recht, das der gleiche Wilson verkündet, der vor unneutralen W o r t e n warnte!

Hat die amerikanische Regierung sich gerührt, hat sie auch nur W o r t e der Entrüstung und des Entsetzens gefunden, als am 6. Mai 1915 die „Cleveland Automatic Machine Company" im „American Machinist" in zynischer Offenheit eine Maschine zur Herstellung von giftig wirkenden Granaten anpries? Diese Anzeige der Fabrik verdient als klassisches Denkmal amerikanischer Neutralität im Weltkriege für ewige Zeiten festgehalten zu werden. Sie ist in den Monatsblättern des Berliner Bezirksvereins deutscher Ingenieure (Nr. 7 vom Juli 1915) in wörtlicher deutscher Übersetzung wiedergegeben:

„Achtung! — Durchlesen:

Auf der linken Seite zeigen wir zwei Arten von hoch explosiblen Granaten, die auf unserer $4^1/_2$"-Maschine mit niedrigem Fußgestell (s. Abbildung auf der linken Seite) hergestellt werden können.

Auf dieser Maschine kann man eine 13 pfündige Granate ganz und gar — wie es dargestellt ist — aus sehr zähem Material, wie es für die Granaten verwendet wird, in 24 Minuten und aus gewöhnlichem Maschinenstahl in 17 Minuten fertigen.

Die 18 pfündige Granate wird in 30 Minuten oder aus gewöhnlichem Maschinenstahl in 22 Minuten angefertigt.

Wenn man 1 Dollar täglich für die Bedienung der Maschine ansetzt, so kann man sich nach Vorstehendem ein Bild machen von der wirklichen Höhe der örtlichen Herstellungskosten für ein Stück.

Wir wollen noch mehr mitteilen — etwas, das sehr interessant sein dürfte. Nachstehendes ist eine Beschreibung der 13- und 18pfündigen hochexplosiblen Granaten, die jetzt so ausgiebig an Stelle der gewöhnlichen Schrapnells im Kriege Verwendung finden.

Das Material hat eine außerordentlich hohe Zugfestigkeit, es ist im wahren Sinne des Wortes ein „Spezial-Material" und neigt dazu, in kleine Stückchen zu zerreißen, wenn die Granate platzt. Die Zeiteinstellung des Zünders für die vorliegende Granate geschieht auf ähnliche Weise wie beim gewöhnlichen Schrapnell; der Unterschied besteht darin, daß zwei Sprengsäuren, mit denen der große Hohlraum ausgefüllt ist, dazu dienen, die Granate zum Platzen zu bringen. Die Zusammensetzung dieser zwei Säuren bringt eine schreckliche Explosion hervor, die mit größerer Gewalt vor sich geht, als es bei den bisher benutzten Sprengmitteln der Fall war. Die Sprengstücke werden bei der Explosion von diesen Säuren benetzt, und die von ihnen hervorgerufenen Wunden ziehen den Tod nach etwa vierstündigem schrecklichen Todeskampf nach sich, wenn nicht unmittelbare Hülfe zur Hand ist.

Nach unserer Kenntnis von den Bedingungen, die beim Kampf im Schützengraben vorliegen, ist es nicht möglich, irgend jemand ärztlichen Beistand so rechtzeitig zu leisten, um einem tödlichen Ausgang vorzubeugen. Wenn sich die Wunde im Körper oder am Kopfe befindet, so muß sie ohne Verzug ausgebrannt werden, ein getroffenes Glied muß amputiert werden, denn anscheinend gibt es kein Gegengift, das die Wirkung der giftigen Säuren aufheben kann.

Man kann aus Vorstehendem sehen, daß diese Granate wirksamer ist, als das gewöhnliche Schrapnell, denn die von Schrapnellkugeln oder Sprengstücken verursachten Wunden in den Muskeln wirken nicht ebenso gefährlich, weil sie keinen giftigen Bestandteil enthalten, der unverzügliche Hülfe nötig macht.

Cleveland Automatic Machine Company
Cleveland, Ohio U. S. A."

Die Monatsblätter des Berliner Bezirksvereins deutscher Ingenieure weisen darauf hin, daß es bisher als Zweck der Geschosse galt, den Gegner nur kampfunfähig zu machen; wenn man das bedenke, so werde einem klar werden, daß die vergifteten Pfeile der „barbarischen" Naturvölker Kinderspiel waren gegen diese von „Neutralen" angebotenen Waffen. „Aber der Geschäftsgeist der Herren Amerikaner ist noch weit großzügiger, denn zur gleichen Zeit überschwemmt Amerika den deutschen Markt mit Angeboten von künstlichen Gliedmaßen, denn „it is necessary to amputate, if the wound is in the limbs".

Uns ist nicht bekannt geworden, daß Herr Wilson darauf bedacht gewesen wäre, die Herstellung und die Ausfuhr selbst solcher Granaten und der Maschinen zu ihrer Herstellung zu verhindern. Freilich — man darf ihm nicht Unrecht tun! Zwar verbietet die Haager Landkriegsordnung (Artikel 23 a) die Verwendung von vergifteten Waffen und untersagt sie den Gebrauch von Waffen, Geschossen oder Stoffen, die geeignet sind, unnötig Leiden zu verursachen (Artikel 23e). Aber wo in aller Welt steht denn geschrieben, daß ein neutraler Staat völkerrechtswidrig handelt, der die Ausfuhr von solchen Geschossen und von Maschinen zu ihrer Herstellung duldet! Ein solcher Satz ist im Neutralitätsrecht nicht zu finden; also existiert er für Herrn Wilson nicht, der sich streng an die Buchstaben hält, wenn sie vorhanden sind. Und Recht muß doch Recht bleiben!

IV.

Erklärung des Staatsdepartements in Washington vom 15. Oktober 1914.

Alsbald nach Kriegsausbruch gingen dem Staatsdepartement in Washington zahlreiche Anfragen von amerikanischen Kaufleuten und anderen Personen zu, ob sie kriegführenden Regierungen oder Nationen ohne Verletzung der Neutralität der Vereinigten Staaten Konterbandeartikel verkaufen dürften; auch erhielt es über die Lieferungen von Konterbande Beschwerden, die offenbar von der

Voraussetzung ausgingen, daß diese Lieferungen eine neutralitätswidrige Handlungsweise darstellten, welche die Unionsregierung verhindern sollte. Darauf erließ das Staatsdepartement unterm 15. Oktober 1914 eine öffentliche Erklärung, in der es hieß:

„Angesichts der zahlreich eingegangenen Mitteilungen dieser Art ist es augenscheinlich, daß unter der Bevölkerung dieses Landes ein weitverbreitetes Mißverständnis herrscht sowohl über die Pflichten der Vereinigten Staaten als neutraler Nation hinsichtlich des Konterbandehandels als auch hinsichtlich der Befugnisse der Exekutivbehörden der Regierung gegenüber Personen, welche sich darin betätigen. Daher erscheint es ratsam, eine erläuternde Erklärung über diesen Gegenstand zur Belehrung der Öffentlichkeit zu geben.

Zunächst sollte man sich darüber klar sein, daß, allgemein gesprochen, jeder Bürger der Vereinigten Staaten einer kriegführenden Regierung oder ihrem Agenten jeden Handelsgegenstand verkaufen kann, den er will. Daran hindert ihn keine Regel des internationalen Rechts, keine Bestimmung eines Staatsvertrages und keine Gesetzesbestimmung der Vereinigten Staaten. Es macht keinen Unterschied, ob die verkauften Gegenstände ausschließlich zu Kriegszwecken dienen, wie z. B. Feuerwaffen, Sprengstoffe usw., oder ob sie Lebensmittel, Kleider, Pferde usw. für die Benutzung seitens des Heeres oder der Marine des Kriegführenden sind.

Ferner ist eine neutrale Regierung weder internationalrechtlich noch vertraglich noch gesetzlich verpflichtet, diese Verkäufe an einen Kriegführenden zu verhindern. Deshalb berühren solche Verkäufe amerikanischer Bürger nicht im geringsten die Neutralität der Vereinigten Staaten.

Allerdings sind Gegenstände, wie die erwähnten, als Konterbande anzusehen und unterliegen außerhalb des Jurisdiktionsbereichs eines neutralen Staates der Wegnahme durch den Feind der einkaufenden Regierung, aber es ist Sache des Feindes, zu verhindern, daß diese Gegenstände ihren Bestimmungsort erreichen, und nicht Pflicht des Staates, dessen Bürger sie verkauft haben. Wenn der Feind des kaufenden Staates zufälligerweise außerstande ist, dies zu verhindern, dann ist das für ihn eins der Mißgeschicke des Krieges; diese Unfähigkeit legt indessen der neutralen Regierung keine Verpflichtung zur Verhinderung des Verkaufs auf.

Weder der Präsident noch eine Exekutivbehörde der Regierung besitzt die gesetzliche Befugnis, irgendwie gegen den Handel der Bevölkerung dieses Landes mit dem Gebiete eines Kriegführenden einzuschreiten. Es gibt keinen Kongreßakt, der eine solche Befugnis erteilt oder den Handel dieser Art mit den europäischen Nationen verbietet, obgleich der Kongreß im Falle benachbarter amerikanischer Republiken den Präsidenten ermächtigt hat, ein Ausfuhrverbot für Waffen und Munition zu erlassen, falls dies nach seinem Ermessen geeignet ist, innere bürgerliche Kämpfe zu verhindern.

Die Regierung der Vereinigten Staaten selbst würde eine neutralitätswidrige Handlung begehen, wenn sie Verkäufe an einen kriegführenden Staat vornähme; ein Privatmann dagegen handelt weder ungesetzlich noch neutralitätswidrig, wenn er irgendein Erzeugnis der Vereinigten Staaten an einen Kriegführenden verkauft, und die Exekutive ist nicht befugt, solche Verkäufe zu verhindern oder zu kontrollieren.

Die vorstehenden Darlegungen beziehen sich aber nicht auf die Ausrüstung oder Versorgung von Schiffen in amerikanischen Häfen oder kriegerischer Expeditionen auf amerikanischem Boden zur Unterstützung eines Kriegführenden. Diese Handlungen sind durch die Neutralitätsgesetze der Vereinigten Staaten verboten." —

War diese Erklärung etwas anderes als ein Aufruf und eine Ermunterung der Amerikaner zur vollen Ausnutzung der guten Gelegenheit, durch Waffen- und Munitionslieferungen Millionen zu verdienen?

V.

Bernstorff gegen Bryan.

Die Frage der Lieferung von Feuerungsmaterial aus amerikanischen Häfen an deutsche Kriegsschiffe gab dem deutschen Botschafter Anlaß, dem Staatsdepartement in Washington am 15. Dezember 1914 folgende Denkschrift der deutschen Regierung zu überreichen (European War No. 2. Department of State. Diplomatic correspondence with belligerent governments relating to neutral rights and duties. Washington, 1915. Seite 31):

„Nach allgemeinen völkerrechtlichen Grundsätzen läßt sich nichts dagegen einwenden, daß neutrale Staaten durch ihr Gebiet oder aus ihrem Gebiete Kriegskonterbande an die Feinde Deutschlands gelangen lassen. Dafür sprechen auch die Artikel 7 der Haager Abkommen vom 18. Oktober 1907, betreffend die Rechte und Pflichten der Neutralen im Falle eines Landkrieges und eines Seekrieges. Macht aber ein Staat von dieser Freiheit zugunsten unserer Feinde Gebrauch, so darf er gemäß einer allgemein anerkannten Regel des Völkerrechts, die in den Artikeln 9 der beiden erwähnten Abkommen bestätigt ist, nicht der deutschen Kriegsmacht bei dem Bezuge der Konterbande aus seinem Gebiet oder durch sein Gebiet Hindernisse in den Weg legen.

Dieser Auffassung trägt die Neutralitätserklärung der Vereinigten Staaten vollkommen Rechnung, indem danach die Zuführung von Kriegskonterbande an alle Kriegführenden in gleicher Weise erlaubt ist: „All persons may lawfully and without restriction by reason of the aforesaid state of war manufacture and sell within the United States arms and ammunitions of war and other articles ordinarily known as contraband of war.“

Der vorstehende Grundsatz ist in der öffentlichen Erklärung des amerikanischen Staatsdepartements vom 15. Oktober 1914 über Neutralität und Konterbande in weitestem Maße angenommen worden.

Gleichwohl haben verschiedene Hafenbehörden in den Vereinigten Staaten Kauffahrteischiffen, die deutschen Kriegsschiffen auf hoher See oder in anderen neutralen Häfen die erforderlichen Feuerungsstoffe und Vorräte zuführen wollten, die Ausklarierung verweigert. Eine solche Zufuhr braucht ein neutraler Staat nach den erwähnten völkerrechtlichen Grundsätzen nicht zu verhindern; er darf also Kauffahrteischiffe mit entsprechender Ladung weder festhalten noch in ihrer Bewegungsfreiheit behindern, nachdem er die Versorgung der Gegner mit Kriegskonterbande gestattet hat. Nur dann würde es seine Pflicht werden, den Handel dieser Schiffe einseitig zu hindern, wenn durch einen solchen Handel die Häfen ein Stützpunkt für deutsche Seekriegsunternehmungen würden. Dies könnte vielleicht der Fall sein, wenn in den Häfen deutsche Kohlendepots angelegt wären oder die Schiffe sie auf dem Wege zu den deutschen Seestreitkräften in regelmäßiger Fahrt anliefen. Es bedarf aber keiner Ausführung, daß das gelegentliche Auslaufen eines Kauffahrteischiffes mit Vorräten oder Kohlen für deutsche Kriegsschiffe den neutralen Hafen noch nicht zu einem neutralitätswidrigen Stützpunkt für deutsche Seekriegsunternehmungen macht.

Unsere Feinde beziehen aus den Vereinigten Staaten Kriegskonterbande, insbesondere Waffen im Werte von mehreren Milliarden Mark; dazu sind sie an sich befugt. Die Duldung wird aber zu einem schweren Unrecht, wenn die Vereinigten Staaten die gelegentliche Versorgung unserer Kriegsschiffe aus ihren Häfen verhindern. Denn daraus würde sich eine ungleiche Behandlung der Kriegführenden ergeben, und zu unseren Ungunsten würde eine allgemein anerkannte Regel der Neutralität verletzt werden." —

Damals waren unsere „Karlsruhe", unsere Hilfskreuzer „Prinz Eitel Friedrich" und „Kronprinz Wilhelm" noch an der Arbeit, „Dresden" mußte sich noch immer den Nachstellungen der feindlichen Kriegsschiffe zu entziehen. Die Versorgung unserer Auslandskreuzer mit Vorräten und Kohlen mußte dem deutschen Botschafter am Herzen liegen. Die amerikanischen Kriegslieferungen spielten noch nicht die ungeheure Rolle, wie in den Jahren 1915 und 1916. Unsere Gegner, in deren Lager fast allgemein mit einer nicht allzu langen Dauer des Krieges gerechnet wurde, glaubten noch, für die Deckung des Munitions- und Waffenbedarfs im wesentlichen mit ihren eigenen Industrien auskommen zu können; man zog erst allmählich die amerikanische Kriegsindustrie sehr stark zur Ergänzung heran.

In den Erörterungen über die Zulässigkeit oder Unzulässigkeit der amerikanischen Massenlieferungen von Kriegsmaterial hat auch in der Folgezeit der vom Grafen Bernstorff erwähnte Artikel 7 des XIII. Haager Abkommens betreffend die Rechte und Pflichten der Neutralen im Falle eines Seekrieges eine große Rolle gespielt. Er lautet: „Eine neutrale Macht ist nicht verpflichtet, die für Rechnung des einen oder des anderen Kriegführenden erfolgende Ausfuhr oder Durchfuhr von Waffen, von Munition sowie überhaupt von allem, was einem Heere oder einer Flotte von Nutzen sein kann, zu verhindern." (Vgl. Pohl, Deutsches Seekriegsrecht. Quellensammlung mit Sachregister. Berlin 1915. Seite 138.)

Hiermit stimmt Artikel 7 des Haager Abkommens betreffend die Rechte und Pflichten der neutralen Mächte und Personen im Falle eines Landkriegs wörtlich überein.

Konnte sich die Regierung der Vereinigten Staaten zur Rechtfertigung ihrer Duldung der gewaltigen Waffenlieferungen auf den Artikel 7 des XIII. Haager Abkommens berufen?

Obwohl es von den meisten Haager Konferenz-Mächten ratifiziert worden ist, steht es formell nicht in Geltung. Denn es enthält die sogenannte „Allbeteiligungsklausel", d. h. seine Vorschriften gelten nur zwischen den Vertragsmächten und nur dann, wenn alle am Kriege beteiligten Staaten Vertragsparteien sind. Mehrere Kriegführende haben es aber nicht ratifiziert. Ob die Haager Konferenz wohl daran getan hat, diese Klausel in das Abkommen einzustellen, ob die Klausel unter gewissen Verhältnissen sinnlos ist und zu Vernunftswidrigkeiten führt, (vgl. Zitelmann im Arch. d. öff. Rechts Bd. 35 (1916) S. 1—27, Die Anwendbarkeit der Haager und Genfer Abkommen im gegenwärtigen Kriege, sowie die Ausführungen Triepels in den Vorträgen der Gehe-Stiftung zu Dresden 8. Bd. 1916 Heft 2 „Die Zukunft des Völkerrechts" S. 21 ff.) kann hier dahingestellt bleiben. An der „Allbeteiligungsklausel" ist nun einmal nicht vorbeizukommen, da sie in den Text des Abkommens aufgenommen worden ist.

Aber wir wollen trotzdem einmal annehmen, die Haager Bestimmungen seien geltendes Recht geworden. Boten sie für die Vereinigten Staaten von Amerika eine Stütze für ihre Weigerung, ein Waffen- und Munitions-Ausfuhrverbot zu erlassen?

Wenn Artikel 7 eine Verpflichtung der neutralen Macht zum Erlaß eines Ausfuhrverbotes ablehnt, so kann darum ihr Recht zu einem solchen Verbot nicht in Zweifel gezogen werden. Artikel 7 gibt den Neutralen mittelbar das Recht, die Ausfuhr von Konterbande zu untersagen, und die Ausübung dieses Rechtes kann von keinem Kriegführenden als unfreundliche Handlung angesehen werden.

Fraglich kann nur sein, ob die neutrale Macht auch mitten im Kriege ihre Haltung ändern und ein Ausfuhrverbot erlassen darf.

In den Eingangsworten zum XIII. Abkommen der Zweiten Haager Friedenskonferenz wird klar zum Ausdruck gebracht, daß eine Macht die von ihr angenommenen Regeln unparteiisch anzuwenden hat. Mit diesem Grundgedanken der unparteiischen Handhabung der Regeln ist es nach den Eingangsworten des Abkommens im allgemeinen nicht vereinbar, daß die neutrale Macht die einmal angenommenen Regeln im Laufe des Krieges abändert. Doch wird eine solche Abänderung gebilligt, wenn sie sich als notwendig zur Wahrung der eigenen Rechte des neutralen

Staates erweist. Das Haager Abkommen setzt es als selbstverständlich voraus, daß jeder souveräne neutrale Staat seine Rechte gegenüber allen Kriegführenden mit gleicher Sorgfalt und Energie wahrt, daß er alle ihm zu Gebote stehenden Mittel anwendet, um seine Rechte zu behaupten und durchzusetzen. Zu diesem Zwecke darf er nötigenfalls während des Krieges seine Neutralitätsregeln ändern, ohne daß eine derartige Änderung als eine Neutralitätswidrigkeit angefochten werden könnte.

Wenn jemals die Rechte neutraler Staaten seitens einer kriegführenden Macht mit vollster Absicht und hartnäckig immer wieder mißachtet worden sind, dann ist's in diesem Kriege durch England zum Schaden neutraler, auch amerikanischer Handelsinteressen geschehen*). Dessen sind die zahlreichen Proteste, welche die amerikanische Regierung in London erhoben hat, die besten Zeugen, jene umfassenden Noten, welche zur Charakteristik der britischen Seekriegswillkür zum Teil treffende Worte fanden. England hat gleichwohl die Rechte amerikanischer Bürger weiterhin verletzt. Die amerikanische Regierung besaß ein Mittel, der fortgesetzten Mißachtung des Rechts auf freien friedlichen Handelsverkehr mit den Mittelmächten ein Ende zu bereiten. Es war längere Zeit hindurch wohl das einzige wirksame, also zur Wahrung ihrer Rechte notwendige Mittel: die Untersagung der Waffen- und Munitionsausfuhr nach einem Lande, das zum Schaden zahlreicher Amerikaner den friedlichen deutsch-amerikanischen Handel rechtswidrig unterbunden hat. Sie konnte die Waffenausfuhr verbieten, sie hatte die tatsächliche und die rechtliche Macht, es zu tun. Niemand hätte gegen den Präsidenten der Vereinigten Staaten den Vorwurf erheben können, sein während des Krieges erlassenes Ausfuhrverbot verstoße gegen das Haager Abkommen. Falls dem Präsidenten nach geltendem amerikanischem Staatsrecht die Befugnis zum Erlaß eines Verbots der Ausfuhr von Waffen nach Europa fehlte, dann mußte die Gesetzgebung so geändert werden, daß die Erfüllung der internationalen Pflicht ermöglicht wurde.

Freilich behält sich jeder neutrale Staat selbst und allein die Entscheidung darüber vor, ob eine Maßnahme notwendig ist zur Wahrung seiner eigenen Rechte. Und so stand es bei der Unions-

*) Vgl. darüber Pohl, England und die Londoner Deklaration. Berlin 1915.

regierung, wollte sie die Kriegslieferungen nicht untersagen, zu zeigen, daß sie über andere wirksame Mittel zur Wahrung ihrer Rechte verfügte als ein nachträgliches Waffenausfuhrverbot. Aber sie fand nur Worte! Ein wirksames und erfolgreiches Mittel außer einem Waffenausfuhrverbot stand ihr offenbar nicht zur Verfügung. Somit kann nicht zweifelhaft sein, daß ihre mehr als zwei Jahre dauernde einseitige Langmut unverträglich war mit dem das ganze Haager Abkommen beherrschenden Grundgedanken der Unparteilichkeit. Wie die Dinge lagen, konnte nur durch nachträglichen Erlaß des Ausfuhrverbots die Rückkehr zu wahrer Neutralität vollzogen werden. Wenn anders sie neutral sein wollte, mußte die amerikanische Regierung die Waffenausfuhr verbieten.

Amerika fand sich mit den ihm durch die englischen Maßnahmen zugefügten Schädigungen ab, indes den deutschen Vergeltungsmaßnahmen mit äußerster Schärfe die Berechtigung abgesprochen wurde. Das mußte in Deutschland als mit dem Geiste wahrhafter Neutralität unvereinbar empfunden werden.

Wenn gegenüber der englischen Willkür zur See von Washington „scharfe Noten" nach London geschickt wurden, wenn man im Weißen Hause gegen England die Stirn runzelte, und wenn die englischen Staatsmänner dazu sorgenvolle Gesichter aufsetzten, so war das nichts als eine britisch-amerikanische Komödie, die auch für die Rechtfertigung der amerikanischen Waffenausfuhr fruchtbar gemacht wurde. Bis in das Jahr 1917 hinein wurde diese Komödie weitergespielt. „Die Vereinigten Staaten spielen sie", so kennzeichnete Graf Reventlow einmal treffend diese abgekartete Sache, „um den Mantel ihrer „Neutralität" etwas aufzubügeln und ihren Baumwollinteressenten im Süden Festigkeit und Pflichtbewußtsein zu zeigen, außerdem, um Deutschland glauben zu machen, daß man auch gegen England eine entschiedene Sprache rede, daß man die Baumwolle an die transatlantischen Käufer bringen wolle. Und was der Baumwolle recht sei, das müsse auch der Munition billig sein."*) Das war in Tat der Kernpunkt der Komödie. Amerika ließ sich von England alles gefallen, es schickte lange akademische Abhandlungen nach London, wo man sie richtig einzuschätzen wußte. Trotz aller langatmigen Auseinandersetzungen

*) „Deutsche Tageszeitung" Nr. 258, Morgenausgabe vom 22. Mai 1915.

waltete zwischen den Kabinetten von London und Washington längst ein stillschweigendes Einvernehmen. Die Würdelosigkeit, mit der Wilson die englische Seerechtswillkür hinnahm, „ist beispiellos in der Geschichte eines großen Landes. Sie ist um so bezeichnender, da die Union sonst im Verkehr mit fremden Staaten keineswegs einen maßvollen Ton anzuschlagen gewohnt ist, sondern im Bewußtsein ihrer Unangreifbarkeit nur zu oft schroff und rücksichtslos vorzugehen und ihre Forderungen gebieterisch auszusprechen pflegt.“*) Die englische Wochenschrift „Nation“ hat auf diese Zwistigkeiten im Einverständnis ganz offen hingewiesen. Sie brachte unverhüllt zum Ausdruck, daß Amerika nur in rein-technischem Sinne neutral geblieben sei: „Es hat unseren Anleihen seinen Geldmarkt geöffnet, wodurch es scharf mit seiner Überlieferung und selbst mit seinen Absichten zu Beginn des Krieges brach. Es hat gestattet, daß seine Industrie unseren Bedarf an Munition und sonstigen Dingen deckte, und auf beide Weisen die Hilfsquellen seines Reichtums ausschließlich auf unsere Seite geworfen. Man kann sagen, daß diese Hilfeleistung sehr einträglich gewesen ist, aber wenn Regierung und Kongreß unsere Sache nicht hätten unterstützen wollen und sich nicht dabei mit der uneigennützigen Meinung der „Intellektuellen“ und der Massen im Einklang befunden hätten, so hätten sie vielleicht den Einsprüchen gegen diese Parteilichkeit Rechnung getragen, die nicht nur von Deutschfreunden, sondern auch von extremen Friedensfreunden und Sozialisten ausgingen. Die wahren Sympathien der amerikanischen Regierung haben sich aber am deutlichsten darin gezeigt, daß sie alle unsere Neuerungen auf dem Gebiete des Seerechts mit der daraus folgenden Beschränkung der Rechte des neutralen Handels ruhig hinnahm und sich mit einem rein akademischen Widerspruch begnügte. Wenn man bedenkt, daß vor hundert Jahren das damalige Amerika Krieg gegen uns wegen einer ähnlichen Ausübung unserer Seegewalt im Napoleonischen Kriege begann, so kann man diesen Beweis von Sympathie kaum zu hoch einschätzen.“ —

Am 8. Januar 1915 richtete der Senator Stone, Vorsitzender des Ausschusses für auswärtige Angelegenheiten, an das Staats-

*) Eduard Meyer, Nordamerika und Deutschland. Berlin 1915. Seite 50.

departement ein Schreiben, in welchem er eine Reihe von Vorwürfen anführte, die gegen das die Ententemächte begünstigende Verhalten der amerikanischen Regierung gerichtet wurden. Stone bat um Auskunft, und Herr Bryan antwortete am 20. Januar 1915 in einem ausführlichen Briefe, der das Entzücken der Londoner Presse erweckte und über die wahre Gesinnung seines Verfassers keinerlei Zweifel ließ. („Kölnische Zeitung" Nr. 120, 1. Morgenausgabe vom 9. Februar 1915.) Einen besseren Anwalt zur Verteidigung seiner zahlreichen Rechtsverletzungen als Herrn Bryan hätte England sich in der Tat nicht wünschen können. Die „New Yorker Staatszeitung" schrieb darum mit Recht, der Brief könne auf der britischen Botschaft in Washington abgefaßt worden sein. Uns interessiert hier lediglich, was Herr Bryan auf die neunte Beschwerde zu sagen wußte, welche dahin ging:

„Die Vereinigten Staaten sind nicht aufgetreten gegen den Verkauf von Waffen, Pferden, Uniformen und anderem Kriegsmaterial an England und seine Verbündeten, obwohl derartige Verkäufe den Krieg verlängern."

Herr Bryan erwiderte, wie folgt:

„Die Regierung hat keine Macht, den Verkauf von Kriegsmaterial an Kriegführende zu verhindern. Eine derartige Pflicht ist niemals von einem internationalen Gesetz oder einem Landesgesetz einem neutralen Staate auferlegt worden. Niemals haben die Vereinigten Staaten derartige Verkäufe verhindert, ausgenommen an benachbarte amerikanische Republiken, und dann nur, wenn dort Bürgerkrieg herrschte. Selbst so weit aber haben die Kriegführenden des gegenwärtigen Krieges, wenn sie Neutrale waren, niemals den Verkauf von Kriegsmaterial eingeschränkt. Man braucht nur an die gewaltigen Mengen an Waffen und Munition zu erinnern, die von deutschen Fabrikanten an die Kriegführenden im russisch-japanischen Krieg und in den letzten Balkankriegen geliefert wurden, um die allgemeine Anerkennung der Rechtmäßigkeit dieses Handels einer neutralen Nation festzustellen. Hinzugefügt sei, daß am 15. Dezember der deutsche Botschafter auf Anweisung seiner Regierung die Abschrift eines Memorandums der Kaiserlich Deutschen Regierung vorlegte, das u. a. die Haltung seiner Regierung gegenüber dem Handel mit Kriegsmaterial durch Bürger neutraler Länder darlegte. Die Kaiserliche Regierung stellte fest, daß „nach den allgemeinen Grundsätzen des internationalen Rechts gegen neutrale Staaten, die Kriegsmaterial an Deutschlands Feinde von oder durch neutrales Gebiet gelangen ließen, kein Einwand erhoben werden könne", und daß die Gegner Deutschlands im gegenwärtigen Kriege nach der Meinung der Kaiserlichen Regierung berechtigt seien, „von den Vereinigten Staaten Kriegskonterbande zu beziehen, namentlich Waffen, im Werte von Billionen Mark." Diese Grundsätze sind, wie der Botschafter feststellte, von der hiesigen Regierung angenommen worden in einer Kundgebung, die das Staatsdepartement am 15. Oktober unter dem Titel „Neutralität und Handel mit Konterbande" erlassen hat. Entsprechend dem dort Gesagten haben die Vereinigten Staaten selbst keinen Handel in Konterbande getrieben und haben, soweit wie möglich, ihren Einfluß ausgeübt, um eine gleiche Behandlung aller Kriegführenden in der Frage des Ankaufs von Waffen und Munition aus privaten Händen in den Vereinigten Staaten zu erzielen."

Auf die deutsche Denkschrift vom 15. Dezember 1914 berief sich in einer Sitzung des Komitees des amerikanischen Repräsentantenhauses für auswärtige Angelegenheiten auch der Vorsitzende Flood, wodurch der Eindruck erweckt wurde, als habe sich Deutschland mit den amerikanischen Lieferungen von Kriegskonterbande an seine Gegner abgefunden. Das war, wie die „Norddeutsche Allgemeine Zeitung" (Nr. 22, Erste Ausgabe vom 22. Januar 1915) feststellte, ein großes Mißverständnis: „Die von Herrn Flood angeführte Denkschrift räumt nur ein, daß nach den geltenden Grundsätzen des Völkerrechts Deutschland gegen Kriegslieferungen neutraler Privatpersonen an seine Feinde keine Handhabe zu einem rechtsförmlichen Einspruch besitzt, so daß, wie es am Schluß der Denkschrift heißt, die Vereinigten Staaten zur Duldung solcher Lieferungen „an sich befugt" sind. Selbstverständlich sind aber die Vereinigten Staaten nach völkerrechtlichen Grundsätzen gleichermaßen befugt, den ganzen Konterbandehandel mit allen kriegführenden Ländern durch Erlaß eines Waffenausfuhrverbots zu unterdrücken, zumal der international unerlaubte Waffenhandel mit England und Frankreich einen Umfang angenommen hat, der die Neutralität zwar nicht der amerikanischen Regierung, wohl aber des amerikanischen Volkes tatsächlich in Frage stellt. Eine solche Maßnahme läge um so näher, als England nicht einmal den international erlaubten Handel Amerikas mit Deutschland zuläßt, vielmehr auch die für die Volkswirtschaft Deutschlands bestimmten Waren in der rücksichtslosesten Weise beschlagnahmt, so daß der ganze Handel Amerikas mit den Kriegführenden auf eine einseitige Begünstigung unserer Gegner hinausläuft. Ferner — und dies wiegt für uns am schwersten — wird die Versorgung unserer Gegner mit amerikanischen Waffen zu einer der stärksten Ursachen für die Verlängernng des Krieges; sie steht deshalb im Widerspruch mit den wiederholten Versicherungen der Vereinigten Staaten, daß sie eine baldige Wiederherstellung des Friedens wünschen und dazu mitwirken wollen".

Der Appell der „Norddeutschen Allgemeinen Zeitung" an das Gerechtigkeitsgefühl und die Friedensliebe des amerikanischen Volkes, dessen Regierung gewaltige Subsidienleistungen in Form von gut bezahlten Waffen und Munitionsmassen duldete, verhallte wirkungslos. Wilson beharrte bei seiner Weigerung, ein Waffenausfuhrverbot in Erwägung zu ziehen.

Die amerikanische „Neutralität" begnügte sich nicht mit der Duldung der ungeheuren Zufuhr von Kriegsbedarf an Deutschlands Feinde. Sie gestattete sogar, daß englische Offiziere die amerikanischen Waffen- und Munitionsfabriken kontrollierten.

Nach einer brieflichen Mitteilung des Herausgebers der Monatsschrift „Der deutsche Kulturträger" an den Präsidenten des „Deutsch-Amerikanischen Nationalbundes" vom 14. Januar 1915 landeten damals in New York dreißig britische Armee-Offiziere, die offen erklärten, sie kämen nach Amerika, um als Inspektoren die Herstellung der von Charles M. Schwab fabrizierten Geschütze und Geschosse zu überwachen. Die amerikanische Regierung hat sich nicht bewogen gefunden, gegen die notorische Überwachung der Herstellung von Kriegsmaterial bei der Bethlehem Steel Corporation durch britische Offiziere einzuschreiten. Sie mußte auch diese Tatsache vereinbar mit der Neutralität der Vereinigten Staaten finden; steht es doch den kriegführenden Mächten frei, in neutralen Ländern Waffen, Munition und anderes Kriegsmaterial zu kaufen; wenn nun die Kriegführenden die Erfüllung der von ihnen mit Amerikanern abgeschlossenen Lieferungsverträge überwachen lassen, so gehört das lediglich zu den natürlichen Begleitumständen solcher Geschäfte, verstößt mithin nicht gegen die Neutralität der Vereinigten Staaten.

Dabei macht es für die amerikanische Auffassung keinen Unterschied, ob die überwachenden Agenten Offiziere und Angestellte der kriegführenden Regierung sind oder nicht.

Die ins Ungeheure sich steigernden Waffen- und Munitionslieferungen amerikanischer Firmen und die Haltung Wilsons, der dem berechtigten deutschen Unterseebootkrieg mit großer Schärfe und einer in der Geschichte der diplomatischen Beziehungen zwischen großen Ländern wohl einzig dastehenden Rücksichtslosigkeit auch in der Form*), den englischen Übergriffen dagegen nur in zahmen Noten entgegen trat, gab dem deutschen Botschafter in Washington Anlaß, am 4. April 1915 den Standpunkt der deutschen Regierung hinsichtlich der Waffenlieferungen in einer Denkschrift eingehend darzulegen:

„Die verschiedenen britischen Orders in Council haben einseitig die allgemein anerkannten Grundsätze des internationalen Rechts derartig abgeändert, daß der Handel neutraler Nationen mit Deutschland willkürlich unterbunden ist. Schon vor der letzten britischen Order in Council war die Verschiffung von relativer Konterbande, insbesondere von Lebensmitteln, nach Deutschland so gut wie unmöglich. Vor der Protestnote der amerikanischen Regierung an England vom 28. Dezember 1914 hat eine solche Verschiffung auch nicht in einem einzigen Falle wirklich stattgefunden. Selbst aus der Zeit nach diesem Protest kennt die Kaiserliche Botschaft nur einen einzigen Fall, in welchem ein amerikanischer Verfrachter es gewagt hat, eine solche Schiffsladung in der Absicht rechtmäßigen Verkaufs nach Deutschland abgehen zu lassen. Schiff und Ladung wurden beide sofort von den Engländern aufgebracht und werden in einem englischen Hafen festgehalten, angeblich wegen einer Verordnung des deutschen Bundesrats über den Getreidehandel, obgleich dieser Beschluß sich ausschließlich auf Getreide und Mehl bezieht und nicht auf andere Lebensmittel, außerdem ausdrücklich Ausnahmen bezüglich eingeführter Lebensmittel vorsieht, und obgleich die deutsche Regierung der amerikanischen Regierung eine Zusicherung gab und eine besondere Organisation in Vorschlag brachte, die den ausschließlichen Verbrauch durch die bürgerliche Bevölkerung schlechthin sicherstellte.

*) Fürst von Bülow, Deutsche Politik. Berlin 1916. Seite 50.

Unter diesen Umständen war die Aufbringung des amerikanischen Schiffs unvereinbar mit anerkannten Grundsätzen des internationalen Rechts. Nichtsdestoweniger hat die Regierung der Vereinigten Staaten die Freilassung von Schiff und Ladung noch nicht durchgesetzt, und es ist ihr nach einer Kriegsdauer von acht Monaten nicht gelungen, ihren rechtmäßigen Handel mit Deutschland zu schützen.

Eine derartig lange Verzögerung kommt besonders, wo es sich um die Lebensmittelzufuhr handelt, einem vollständigen Versagen gleich.

Die Kaiserliche Botschaft muß daher annehmen, daß die Regierung der Vereinigten Staaten sich bei den Verletzungen des internationalen Rechts durch Großbritannien beruhigt.

Außerdem möchte ich die Haltung der Vereinigten Staaten in der Frage der Waffenausfuhr zur Sprache bringen. Nach der Überzeugung der Kaiserlichen Regierung ist die Regiernng der Vereinigten Staaten mit ihr der Meinung, daß in Neutralitätsfragen nicht allein die formelle Außenseite des Falles, sondern ebensosehr der Geist, in welchem die Neutralität durchgeführt wird, berücksichtigt werden muß.

Die Lage im gegenwärtigen Krieg ist mit der Lage in irgend einem vorhergehenden Kriege nicht zu vergleichen. Deshalb ist jede Bezugnahme auf deutsche Waffenlieferungen in früheren Kriegen nicht gerechtfertigt; denn damals war nicht die Frage: ob den Kriegführenden Kriegsmaterial geliefert werden sollte, sondern wer es im Wettbewerb mit anderen Staaten liefern sollte.

Im gegenwärtigen Kriege sind alle Nationen mit einer nennenswerten Kriegsmaterialindustrie entweder selbst in den Krieg verwickelt oder damit beschäftigt, ihre eigene Rüstung zu vervollständigen, und haben deshalb ein Ausfuhrverbot auf die Ausfuhr von Kriegsmaterial gelegt. Die Vereinigten Staaten sind demgemäß als einziger neutraler Staat in der Lage, Kriegsmaterial zu liefern. Der Begriff der Neutralität hat damit eine neue Tragweite erhalten, die von der formellen Frage des bisher bestehenden Rechts unabhängig ist. Im Widerspruch dazu begründen die Vereinigten Staaten eine gewaltige Waffenindustrie im weitesten Sinne, indem die bestehenden Anlagen nicht nur weiter arbeiten, sondern mit allen verfügbaren Mitteln noch erweitert und neue errichtet werden. Die internationalen Abkommen zum Schutze der Rechte der Neutralen entsprangen sicher aus der Notwendigkeit, die bestehenden Gewerbszweige neutraler Nationen so gut wie möglich gegen Beeinträchtigung in ihren Geschäften zu schützen. Aber es kann in keinem Falle mit dem Geiste aufrichtiger Neutralität im Einklang stehen, wenn unter dem Schutze derartiger internationaler Verträge eine vollständig neue Industrie in einem neutralen Staate geschaffen wird, wie sie in der Entwicklung der Waffenindustrie in den Vereinigten Staaten zutage tritt, deren Geschäft nach Lage der derzeitigen Verhältnisse allein den kriegführenden Mächten zugute kommen kann.

Diese Industrie liefert ihre Ware gegenwärtig nur den Feinden Deutschlands. Die theoretische Bereitwilligkeit, an Deutschland ebenso zu liefern, wenn die Verschiffung dahin möglich wäre, macht den Fall nicht anders. Wenn es der Wille des amerikanischen Volkes ist, aufrichtig neutral zu sein, dann werden die Vereinigten Staaten Mittel finden, diese einseitige Waffenausfuhr zu verhindern oder sie wenigstens zu benutzen, um den rechtmäßigen Handel mit Deutschland zu schützen, besonders den Handel in Lebensmitteln. Diese Auffassung von der Neutralität sollte für die Regierung der Vereinigten Staaten um so mehr maßgebend sein, als sie sich von ähnlichen Gesichtspunkten bei ihrer Politik gegenüber Mexiko hat leiten lassen. Am 4. Februar 1914 erklärte Präsident Wilson, nach den Angaben eines Kongreßabgeordneten vom 30. Dezember 1914 im Ausschuß für Auswärtige Angelegenheiten über die Aufhebung des Waffenausfuhrverbots nach Mexiko: „Wir werden echte Neutralität beobachten, indem wir die Begleitumstände des Falles berücksichtigen. . .“ Er stellte sich damals auf den Standpunkt: „Da Carranza im Gegensatz zu Huerta über keine Häfen verfügt, um Kriegsmaterial einzuführen, sind wir in diesem Falle als Staat verpflichtet, Carranza und Huerta gleich zu behandeln, wenn wir dem wahren Geist der Neutralität und nicht einer bloß papiernen Neutralität gerecht werden wollen.“

Diese Betrachtungsweise muß, auf den gegenwärtigen Fall angewandt, zum Erlaß eines Waffenausfuhrverbotes führen.“ —

Die amerikanische Regierung fand es angemessen, die deutsche Denkschrift am 11. April 1915 in einer ihr genehmen, gekürzten Fassung zu veröffentlichen, worauf Graf Bernstoff am folgenden

Tage den vollständigen Text der amerikanischen Presse zur Verfügung stellte, ein Schritt, den ihm die Regierung in Washington sehr übel nahm (Wippermann's Deutscher Geschichtskalender, April 1915, Seite 501). Das war nur zu verständlich; denn die Denkschrift enthielt unangenehme Wahrheiten. Alsbald erging am 21. April 1915 eine sehr gereizte Antwort an den deutschen Botschafter. Sie hatte folgenden Wortlaut:

„Ew. Exzellenz Note vom 4. April 1915 nebst dem Memorandum vom gleichen Tage, in welchem Ew. Exzellenz das Verhalten der diesseitigen Regierung bezüglich des Handelsverkehrs zwischen den Vereinigten Staaten und Deutschland und deren Haltung hinsichtlich der Ausfuhr von Waffen aus den Vereinigten Staaten nach mit Deutschland im Krieg stehenden Ländern erörtern, habe ich in sorgfältige Erwägung gezogen. Ich muß gestehen, daß ich mich einigermaßen in Verlegenheit befinde, wie ich Ew. Exzellenz Behandlung dieser Angelegenheit auffassen soll. Mit diesen wichtigen Fragen hängen viele Dinge zusammen, deren Erwägung ich bei Ew. Exzellenz erwartet hätte, die Sie aber nicht erwähnen. Andererseits nehmen Sie Bezug auf Dinge, die meines Erachtens schwerlich zu einer Erörterung zwischen der Regierung der Vereinigten Staaten und der Deutschlands geeignet sind.

Ich erlaube mir daher die Freiheit, Ew. Exzellenz Bezugnahme auf den Kurs der Regierung der Vereinigten Staaten hinsichtlich des von Großbritannien versuchten Eingreifens in den Handel dieses Landes als nur darauf berechnet zu betrachten, die Situation, auf welche Sie unsere Aufmerksamkeit lenken möchten, besser zu veranschaulichen, nicht aber als eine Aufforderung zur Erörterung dieses Kurses selbst. Ew. Exzellenz langjährige Erfahrungen in internationalen Beziehungen dürften Sie darauf hinweisen, daß die Beziehungen zweier Regierungen zu einander nicht wohl zum Gegenstand einer Erörterung mit einer dritten Regierung gemacht werden können, die die Tatsachen selbst und die Gründe des eingeschlagenen Kurses nicht vollständig zu überblicken vermag. Ich halte mich aber zu der Annahme berechtigt, daß Sie beabsichtigen, eine offene Erklärung der Regierung der Vereinigten Staaten über ihre Verpflichtungen als neutrale Macht herbeizuführen. Es ist mir besonders daran gelegen, daß Ew. Exzellenz die allgemeine Stellungnahme der Vereinigten Staaten in der

Aufrechterhaltung ihrer Neutralität in wahrem Lichte sehen. Ich hatte zwar gehofft, daß die Stellungnahme unserer Regierung in dieser Hinsicht ausgiebig klargelegt worden sei, aber ich bin gern erbötig, sie nochmals darzulegen. Das erscheint mir um so nötiger und wünschenswerter, als, wie ich zu meinem Bedauern ersehen muß, die Ausdrucksweise in Ihrem Memorandum die Auffassung zuläßt, als sollte der gute Glaube der Vereinigten Staaten in Ausübung ihrer Pflichten als neutraler Macht in Zweifel gezogen werden. Daß Sie eine solche Verdächtigung nicht beabsichtigt haben, halte ich für sicher, aber Ew. Exzellenz leiden so augenscheinlich unter gewissen falschen Vorstellungen, daß ich nicht ausführlich genug in der Darstellung der Tatsachen sein kann, wie sie sich ergeben, wenn sie von allen Seiten geschaut und verstanden werden.

1. In erster Linie hat die Regierung der Vereinigten Staaten zu keiner Zeit in irgendeiner Weise auf irgendeines ihrer Rechte als neutrale Macht irgendeinem der Kriegführenden gegenüber verzichtet. Selbstverständlich hat sie das Recht der Anhaltung und der Durchsuchung sowie das Recht der Anwendung der Regeln über Kriegskonterbande auf Handelsartikel anerkannt. Sie hat auch auf Anhaltung und Durchsuchung bestanden, weil nur so eine ausreichende Sicherheit dafür geboten wird, daß neutrale Fahrzeuge nicht als feindliche angesehen und legitime Ladungen nicht irrtümlich als illegale behandelt werden. Sie hat auch das Blockaderecht anerkannt, falls die Blockade tatsächlich durchgeführt und effektiv erhalten wird. Das sind nur die wohlbekannten Beschränkungen, welche ein Krieg dem neutralen Handel auf hoher See auferlegt. Darüber hinaus ist nichts zugestanden worden. Ich lenke die Aufmerksamkeit Ew. Exzellenz hierauf, weil ich, trotzdem diese Tatsachen infolge der Veröffentlichung unseres Schriftwechsels mit mehreren Kriegführenden über diesen Punkt aller Welt bekannt sind, nicht annehmen kann, daß Sie offiziell Kenntnis davon haben.

2. Die amerikanische Regierung hat versucht, die deutsche und britische Regierung zu gegenseitigen Zugeständnissen bezüglich der zwecks Unterbindung des Handels auf hoher See ergriffenen Maßnahmen zu veranlassen. Sie hat dies nicht als ein ihr zustehendes Recht angesehen, sondern hat so gehandelt in Ausübung der Privi-

legien eines aufrichtigen Freundes beider Parteien, als Beweis ihres unparteiischen Wohlwollens. Der Versuch ist fehlgeschlagen, aber ich bedauere, daß Ew. Exzellenz dies nicht der Erwähnung wert gehalten und den Ausdruck Ihres Urteils dadurch nicht haben beeinflussen lassen. Wir hatten gehofft, daß unsere Handlungsweise den uns in diesen Zeiten eines beklagenswerten Krieges beseelenden Geist bekunden werde, ebenso wie unsere diplomatische Korrespondenz unsere entschlossene Weigerung gezeigt hat, irgendeinem der Kriegführenden das Recht zuzugestehen, die anerkannten Regeln des Seekriegs zu ändern, sofern sie die Rechte und Interessen der Neutralen berühren.

3. An dritter Stelle nehme ich mit Bedauern davon Kenntnis, daß Ew. Exzellenz bei Erörterung des Verkaufs und der Ausfuhr von Waffen für die Feinde Deutschlands durch Bürger der Vereinigten Staaten unter dem Eindruck zu stehen scheinen, daß die Regierung der Vereinigten Staaten trotz ihrer ausgesprochenen Neutralität und ihrer eifrigen Bemühungen, diese in anderen Punkten aufrechtzuerhalten, die freie Wahl gehabt hätte, diesen Waffenhandel zu verhindern, und daß sie andernfalls eine ungerechte Haltung Deutschland gegenüber einnehme. Die Regierung der Vereinigten Staaten ist der Ansicht — ich glaube, diese wird Ew. Exzellenz bekannt sein — und sie kann angesichts der unbestrittenen Regeln des bestehenden Völkerrechts nicht anderer Ansicht sein, daß jede Änderung der eigenen Neutralitätsgesetze während der Dauer des Krieges, welche die Beziehungen der Vereinigten Staaten zu den im Kampfe liegenden Völkern in ungleicher Weise beeinflussen würde, ein nicht zu rechtfertigendes Abweichen von dem Prinzip der strikten Neutralität wäre, von welcher die Regierung bei ihren Handlungen sich konsequent hat leiten lassen. Ich spreche achtungsvoll die Ansicht aus, daß keiner der in Ew. Exzellenz Memorandum hervorgehobenen Umstände das angeführte Prinzip ändert. Ein Waffenausfuhrverbot gerade jetzt würde einen solchen Wechsel und damit eine direkte Verletzung der Neutralität der Vereinigten Staaten bedeuten. Ich bin überzeugt, Ew. Exzellenz werden einsehen, daß die Regierung der Vereinigten Staaten, da sie diese Ansicht hat und sich durch ihre Ehre daran gebunden fühlt, den von Ew. Exellenz vorgeschlagenen Kurs unmöglich in Erwägung ziehen kann.

Ich hoffe, daß Ew. Exzellenz den Geist, in dem ich diese Antwort abfasse, verstehen werden. Die Freundschaft zwischen den Völkern der Vereinigten Staaten und Deutschlands ist so warm und so alt, die Bande, welche die beiden Völker in Freundschaft aneinander fesseln, sind so mannigfaltig und so stark, daß die Regierung der Vereinigten Staaten sich ganz besonders verpflichtet fühlt, ganz offenherzig zu reden in einem Falle, der möglicherweise zu einem Mißverständnis, wenn auch nur zu einem ganz leichten und vorübergehenden, zwischen den Vertretern der beiden Länder führen könnte. Es wäre mir eine besondere Befriedignng, sollte es mir gelungen sein, irgend welche falsche Auffassung Ew. Exzellenz betreffs der Politik, der Absichten und der Ziele der Regierung der Vereinigten Staaten zu bannen, deren Neutralität auf den festen Grundlagen des Gewissens und des guten Willens fußt.

Genehmigen Ew. Exzellenz die erneute Versicherung meiner Hochachtung. W. J. Bryan."*)

So schrieb der Staatssekretär des Auswärtigen, Herr Bryan, am 21. April 1915! Nachdem er im Juni desselben Jahres vom Amte zurückgetreten war, weil er die Verantwortung für die den Frieden gefährdende amerikanische Lusitania-Note vom 10. Juni nicht tragen wollte, arbeitete Bryan gegen die Fortsetzung der Waffenlieferung an Deutschlands Feinde und verlangte in einer von mehreren tausend Personen besuchten Versammlung in New York ein Verbot der Waffenausfuhr. Im Juli 1915 forderte er die Arbeiter auf, durch allgemeine Verweigerung der Munitionsherstellung den Krieg zu beendigen. —

Daß die deutsche Note an die mexikanische Politik erinnert hatte, mag Herrn Wilson besonders peinlich gewesen sein. Er hatte dem Kongreß im August 1913 eine Botschaft zugehen lassen, worin wir die Worte finden:

„Im übrigen halte ich es für meine Pflicht, von der mir durch Gesetz vom 14. März 1912 übertragenen Vollmacht Gebrauch zu machen, um darauf zu sehen, daß keine der beiden Seiten in diesem Kampfe, der jetzt in Mexiko vor sich geht, irgendwelche Unterstützung von diesseits der Grenze erhalte. Ich werde der besten Gepflogenheit von Nationen in Sachen der Neutralität

*) Vgl. Wippermann's Deutscher Geschichtskalender, April 1915, Seite 504 ff.

folgen, indem ich die Ausfuhr von Waffen und Kriegsmaterial irgendwelcher Art aus den Vereinigten Staaten verbiete — eine Politik, für welche verschiedene interessante Präzedenzfälle sprechen, und die sicherlich durch viele offenkundige Rücksichten praktischer Ratsamkeit diktiert wird. Wir können, wie die Dinge liegen, nicht Anhänger der einen oder der anderen Partei in diesem Kampfe, der jetzt in Mexiko tobt, sein, und wir können uns auch nicht selber zu virtuellen Schiedsrichtern zwischen ihnen aufwerfen". (Berliner Lokal-Anzeiger Nr. 436, Morgenausgabe vom 27. August 1916.)

Unter Hinweis auf diese Worte ist in „New York American" vom 11. August 1915 die Frage erhoben worden, ob es irgendeine „offenkundige Rücksicht praktischer Ratsamkeit" oder irgendeine Rücksicht der Pflicht der Menschlichkeit gebe, die für den mexikanischen Konflikt gelte, und die nicht in viel gewichtigerem Maße für diesen viel größeren und tödlicheren europäischen Konflikt gelten müsse? Wenn die Ausfuhr von Kriegsmaterial an kriegführende Truppen in Mexiko die Amerikaner zu „Anhängern der einen oder der anderen Partei" gemacht und sie in die Stellung versetzt hätte, sich „zu virtuellen Schiedsrichtern zwischen ihnen aufzuwerfen", so folge daraus mit Notwendigkeit, daß die Ausfuhr von Kriegsmaterial an die eine Partei im europäischen Kriege auf den Grund hin, daß ohne dieses Material jene Partei den Kampf nicht fortsetzen könnte, so viel bedeute, als daß Amerika sich zum „Anhänger einer Partei mache und sich zum virtuellen Schiedsrichter" des Krieges selbst aufwerfe.

Es ist in der Tat unmöglich, sich der Logik dieser Schlußfolgerung zu entziehen. Gab das amerikanische Gesetz dem Präsidenten nicht die zur Wahrung der Neutralität im Weltkriege erforderlichen Machtvollkommenheiten, dann mußten sie ihm gegeben werden. —

Mit besonderem Eifer vertrat gerade in jener Zeit die Unionsregierung das „Recht" amerikanische Bürger, auf Munitionsschiffen, die voll beladen von Amerika nach England fuhren, zu reisen. Ein Vergnügungsreisender, der sich in den Kopf setzt sich gerade einem solchen Schiffe anzuvertrauen, ist reif fürs nächste Irrenhaus. Darf eine Regierung sich hinter einen solchen Menschen stellen und es seinem Belieben überlassen, sein Land den Schrecken des Krieges zu überantworten? — Der Herausgeber der deutsch-amerikanischen Wochenschrift „The Fatherland" hat am 11. August 1915 einen Appell an den Präsidenten Wilson und seine Ratgeber gerichtet, worin es heißt: „Wenn wir das Leben von Amerikanern zu schützen wünschen, warum haben wir dann verächtlich das deutsche Angebot unverletzlicher Schiffe zurückgewiesen, die gegen einen Angriff deutscher Unterseebote gesichert sein sollen? Es mag vielleicht gesagt werden, daß weniger an dem Schutz des Lebens unserer Bürger gelegen sein kann, als daran, ein für allemal die Freiheit der Meere sicher zu stellen. Wenn aber die Freiheit der Meere in Gefahr ist, warum verteidigen wir sie nicht gegen Großbritannien?"

In merkwürdigem Lichte erscheint die Forderung Wilsons, daß Amerikaner auf Schiffen, die mit Munition beladen sind, unverletzlich sein sollen, wenn man damit seine Stellungnahme in der mexikanischen Frage vergleicht. Er wollte keinen Amerikaner warnen, sich schwimmenden Arsenalen anzuvertrauen, aber er warnte seine Landsleute in Mexiko und empfahl ihnen, die Gebiete zu meiden, in denen dort der Bürgerkrieg tobt. Ist das Neutralität? Darf eine neutral sein wollende Regierung, wenn zwei verschiedene Mächtegruppen in Amerika und ganz unabhängig davon zwei andere Mächtegruppen in Europa sich gegenüberstehen und bekriegen, gegenüber einem europäischen Kriegführenden eine Forderung aufstellen, wenn er nicht die gleiche Forderung auch in Amerika erhebt? Entweder — Amerika schützt seine Bürger auch, wenn sie auf schwimmenden Arsenalen fahren und wenn sie sich auf dem Schauplatz des mexikanischen Bürgerkrieges herumtreiben, oder es schützt sie in beiden Fällen nicht. Wilsons grundsätzliche Forderung, daß englische Munitionsschiffe nicht versenkt werden dürfen, wenn nicht vorher das kostbare Leben der amerikanischen Schutzengel in Sicherheit gebracht ist, wollte lediglich dem englischen Freunde helfen; damit dieser die nötige Munition erhielt, um deutsche Männer töten zu können, drohte er Deutschland. Den amerikanischen Schutzengeln, die aus Frivolität oder gegen Bezahlung auf solchen Schiffen fahren, darf kein Haar gekrümmt werden — sonst: wehe dir, Deutschland! Dem Amerikaner in Mexiko mag eine Kugel eines mexikanischen Insurgenten das Lebenslicht ausblasen — Herrn Wilson kümmert's nicht. Er hat den Mann ja gewarnt.

Als vor einigen Jahren nordamerikanitche Landungstruppen Veracruz besetzten, brachte ein deutsches Kauffahrteischiff in Amerika gekaufte Waffen nach Mexiko. Dieser Vorgang wurde amerikanischerseits im Weltkriege herangezogen, um darzutun, daß Deutschland kein Recht habe, sich über die amerikanischen Kriegslieferungen zu beklagen.

Zunächst ist zu beachten, daß sich Mexiko nicht im Kriege mit den Vereinigten Staaten befand, „so daß der Dampfer berechtigt war, seine Ladung dem gesetzlich berechtigten Empfänger auszuliefern, wie dies auch schließlich geschah, ohne daß die Vereinigten Staaten irgend einen offiziellen Protest dagegen erhoben hätten.“ Vgl. die Äußerungen von Generaloberst v. Moltke im Berliner Lokal-Anzeiger vom 16. August 1915 Nr. 416, Abendausgabe. In Wirklichkeit kamen damals nur amerikanische Waffen nach Mexiko, mit Ausnahme einer kurzen Unterbrechung, als die amerikanische Regierung die fernere Ausfuhr von amerikanischen Waffen nach Mexiko verbot.

Auf Grund von Dokumenten und Briefen, welche einem Mitglied der deutschen Botschaft gestohlen worden waren, erhob die deutschfeindliche amerikanische Hetzpresse gegen die deutsche Regierung den Vorwurf, sie handle unlogisch und mala fide, wenn sie einerseits sich mit dem Erwerb von Munitionsfabriken und Kriegsmaterial in Amerika beschäftige, anderseits gleichzeitig ein amerikanisches Ausfuhrverbot für Waffen und Munition fordere und eine Propaganda in diesem Sinne unterstütze. Graf Bernstorff hat in einem Schreiben an Lansing, das die „Vossische Zeitung“ (Nr. 546 Abendausgabe vom 25. Oktober 1915) mitteilt, sich mit Recht gegen diese Hetze gewandt: er halte sich für befugt und verpflichtet, der Ausfuhr von Kriegsmaterial nach den deutschfeindlichen Ländern alle möglichen Hindernisse zu bereiten. Wenn er die Mittel und Gelegenheit dazu hätte, würde er jede Munitionsfabrik in den Vereinigten Staaten kaufen, falls er dem Feinde dadurch Munition vorenthalten könnte. Dieses Verfahren würde sicher nicht unlogisch sein oder mala fides in sich schließen. Graf Bernstorff erinnerte daran, daß die deutsche Botschaft dem Staatsdepartement in einem Schreiben vom 12. Juni offen mitgeteilt habe, Deutschland beabsichtige, Munitionsfabriken zu kaufen, und daß sie sich sogar erboten habe, angekauftes Kriegsmaterial wieder an die Vereinigten Staaten zu verkaufen, um jeden Verdacht zu entkräften, daß der Ankauf von Munition deutscherseits eine Gefahr für die Vereinigten Staaten bilden könnte.

VI.

Burian gegen Lansing.

Die deutsch-amerikanische Auseinandersetzung über die „Lusitania"-Angelegenheit und den Unterseebootshandelskrieg war bis zu einem kritischen Punkte gediehen, die amerikanische Note vom 10. Juni 1915 hatte „ernstlichste" und „feierlichste" Vorstellungen erhoben und sich dabei auf Recht und Menschlichkeit gestützt, als eine österreichisch-ungarische Note die in der deutschen Note vom 28. Mai 1915 berührte Frage der amerikanischen Munitionslieferungen zum Gegenstande eines Protestes bei der Unionsregierung machte. Die österreichisch-ungarische Regierung unterstützte bundesbrüderlich in einem politisch bedeutsamen Augenblick den diplomatischen Kampf Deutschlands gegen die kaum verhüllte diplomatische Kriegshilfe Amerikas zugunsten Englands und bekundete ihre sachliche Übereinstimmung mit der Berliner Regierung in einer mit diesem Kampf in engem Zusammenhang stehenden Frage. Die Unterseeboots- und „Lusitania"-Angelegenheit läßt die Wiener Note vom 29. Juni 1915 ganz beiseite; sie beleuchtet lediglich in wirkungsvoller Weise, in ruhigem und doch entschiedenem Tone, wie Amerika durch die Duldung der Massenlieferungen von Kriegsmaterial an die Ententemächte die Neutralität verletzt. Aber in Wahrheit unterstützte die Wiener Regierung damit, ohne es auszusprechen, den deutschen Standpunkt; die deutsche Kriegsgebietserklärung vom 4. Februar 1915 und ihre Folgen sind Vergeltungs- und Notwehrmaßnahmen gegen einen Feind, der zum Schaden der friedlichen Ausfuhr der Vereinigten Staaten einen frevelhaften Aushungerungskrieg gegen die Mittelmächte führte und unneutraler Weise von demselben Amerika mit ungeheuren Kriegsmateriallieferungen unterstützt wurde. So sekundierte die diplomatische Note unseres Bundesgenossen der deutschen Regiernng in dem Zweikampf der Federn um „Lusitania" und Unterseebootkrieg. Aber auch aus eigenstem Interesse Österreich-Ungarns gebot es sich, in freundschaftlichster Form und doch mit aller Schärfe gegen die Verletzung der Neutralitätspflicht durch die amerikanischen Massenlieferungen von Kriegsbedarf Einspruch zu erheben. Spürte doch an der russischen wie an der italienischen Front auch die österreichisch-ungarische Armee die Wirkung der amerikanischen „Neutralität" am eigenen Leibe.

Die Note des k. und k. Ministers des Äußern Burian vom 29. Juni 1915 an den amerikanischen Botschafter in Wien über die Frage der amerikanischen Waffen- und Munitionslieferungen hatte nach der „Norddeutschen Allgemeinen Zeitung" (Nr. 194, Zweite Ausgabe vom 15. Juli 1915) folgenden Wortlaut:

„Die tiefgreifenden Wirkungen, welche sich aus der Tatsache ergeben, daß sich seit geraumer Zeit zwischen den Vereinigten Staaten von Amerika einerseits und Großbritannien und dessen Verbündeten andererseits ein Handelsverkehr mit Kriegsbedarf im größten Umfange abspielt, während Österreich-Ungarn gleich Deutschland vom amerikanischen Markte völlig abgeschlossen ist, haben von allem Anfang an die ernsteste Aufmerksamkeit der Kaiserlichen und Königlichen Regierung auf sich gezogen. Wenn nun der Unterzeichnete sich erlaubt, in dieser Frage, mit welcher das Washingtoner Kabinett bisher bloß von der Kaiserlich Deutschen Regierung befaßt worden ist, das Wort zu nehmen, so folgt er hierbei dem Gebote der unabweislichen Pflicht, die ihm anvertrauten Interessen vor weiterer schwerer Schädigung zu bewahren, die aus dieser Situation gleichwie für das Deutsche Reich, so auch für Österreich-Ungarn erwächst. — Ist auch die Kaiserliche und Königliche Regierung durchaus davon überzeugt, daß die Haltung, welche die Bundesregierung in dieser Angelegenheit einnimmt, keiner anderen Absicht entspringt, als der, die strikteste Neutralität zu wahren und sich in dieser Beziehung den in Betracht kommenden Bestimmungen der internationalen Verträge bis auf den Buchstaben anzupassen, so drängt sich doch die Frage auf, ob die Verhältnisse, wie sie sich im Laufe des Krieges, gewiß unabhängig vom Willen der Bundesregierung, herausgebildet haben, nicht derart beschaffen sind, daß die Intentionen des Washingtoner Kabinetts ihrer Wirkung nach durchkreuzt, ja geradezu ins Gegenteil verkehrt werden. Wird aber diese Frage bejaht — und ihre Bejahung kann nach der Meinung der Kaiserlichen und Königlichen Regierung nicht zweifelhaft sein —, dann knüpft sich hieran von selbst die weitere Frage, ob es nicht möglich, ja sogar geboten erscheint, daß Maßnahmen ergriffen werden, die geeignet sind, dem Wunsche der Bundesregierung, beiden Kriegsparteien gegenüber eine streng paritätische Haltung einzunehmen, volle Geltung zu verschaffen. Die K. u. K. Regierung zögert nicht, auch diese Frage unbedingt zu bejahen. Der amerikanischen Regierung, die an dem Haager Werke in so hervorragender Weise mitgewirkt hat, ist es sicherlich nicht entgangen, daß sich Wesen und Inhalt der Neutralität in den fragmentarischen Vorschriften der einschlägigen Verträge nicht annähernd erschöpfen. Faßt man speziell die Entstehungsgeschichte von Artikel 7 der V. bezw. XIII. Konvention ins Auge, auf den sich die Bundesregierung im vorliegenden Falle offenbar stützt und dessen Wortlaut ihr, wie durchaus nicht geleugnet werden soll, eine formale Handhabe für die Duldung des von den Vereinigten Staaten gegenwärtig betriebenen Handels mit Kriegsmaterial bietet, so bedarf es, um den wahren Geist und die Tragweite dieser Bestimmung zu ermessen, die übrigens schon durch das Verbot der Lieferung von Kriegsschiffen und durch das Verbot gewisser Lieferungen an Kriegsschiffe der kriegführenden Länder durchbrochen erscheint, nicht erst des Hinweises darauf, daß die neutralen Staaten in den einzelnen eingeräumten Befugnissen im Sinne des Preambule zur letztgenannten Konvention ihre Grenzen finden an den Forderungen der Neutralität, wie sie den allgemein anerkannten Prinzipien des internationalen Rechts entsprechen. Nach allen Autoritäten des Völkerrechts, die sich mit der hier zunächst in Betracht kommenden Frage des näheren beschäftigen, darf eine neutrale Regierung den Handel mit Kriegskonterbande nicht ungehindert sich vollziehen lassen, wenn der Handel eine solche Gestalt oder solche Dimensionen annimmt, daß dadurch die Neutralität des Landes in Mitleidenschaft gezogen wird.

Mag man nun zur Beurteilung der Zulässigkeit des Konterbandehandels welches der verschiedenen Kriterien immer zugrunde legen, die in dieser Hinsicht in der Wissenschaft aufgestellt wurden, so gelangt man nach jedem einzelnen derselben zu dem Schlusse, daß der Export von Kriegsbedarf aus den Vereinigten Staaten, wie er im gegenwärtigen Kriege betrieben wird, mit den Forderungen der Neutralität nicht in Einklang zu bringen ist. Es handelt sich jetzt nicht etwa um die Frage, ob die amerikanische Industrie, die sich mit der Erzeugung von Kriegsmaterial beschäftigt, davor bewahrt werden soll, daß der Export, den sie zu Friedenszeiten betrieben hat, eine Einbuße erleide. Vielmehr hat diese Industrie gerade infolge des Krieges eine ungeahnte Steigerung erfahren. Um die ungeheuren Mengen von Waffen, Munition und sonstigem Kriegsmaterial aller Art zu fabrizieren, welche Großbritannien und dessen Verbündete im Laufe der vergangenen Monate in den Vereinigten Staaten bestellt haben, bedurfte es nicht nur der vollen Ausnützung, sondern sogar der Umwandlung und Erweiterung der bestehenden und der Schaffung neuer großer Betriebe, sowie des Zuströmens von Massen von Arbeitern aller Branchen zu diesen Betrieben, kurz tiefgreifender, das ganze Land erfassender Änderungen des wirtschaftlichen Lebens. Der amerikanischen Regierung kann sonach von keiner Seite das Recht bestritten werden, durch Erlassung eines Ausfuhrverbots diesen offen zu Tag liegenden enormen Export von Kriegsbedarf zu inhibieren, von welchem überdies notorisch ist, daß er nur einer der Kriegsparteien zugute kommen kann. Würde die Bundesregierung von dieser ihr zustehenden Befugnis Gebrauch machen, so könnte sie ein Vorwurf auch dann nicht treffen, wenn sie, um mit den Anforderungen der nationalen Gesetzgebung im Einklang zu bleiben, den Weg der Erlassung eines Gesetzes beschritte.

Denn, wenn es auch prinzipiell zutrifft, daß ein neutraler Staat die in seinem Bereich geltenden Vorschriften, betreffend sein Verhalten zu den Kriegführenden, nicht abändern soll, solange der Krieg dauert, so erleidet der Grundsatz doch, wie sich aus dem Preambule der XIII. Haager Konvention klar ergibt, in dem Falle eine Ausnahme „où l'expérience en démontrerait la nécessité pour la sauvegarde de ses droits!“ Dieser Fall ist übrigens für die amerikanische Regierung schon mit der Tatsache gegeben, daß Österreich-Ungarn ebenso wie Deutschland von jedem Handelsverkehr mit den Vereinigten Staaten abgeschnitten ist, ohne daß die rechtliche Voraussetzung dafür, eine rechtsgültige Blockade, vorläge. Dem etwaigen Einwand gegenüber, daß es bei aller Bereitwilligkeit der amerikanischen Industrie, wie an Großbritannien und dessen Verbündete, so auch an Österreich-Ungarn und Deutschland zu liefern, den Vereinigten Staaten eben nur infolge der Kriegslage nicht möglich sei, mit Österreich-Ungarn und Deutschland

Handel zu treiben, darf wohl darauf hingewiesen werden, daß die Bundesregierung zweifellos in der Lage wäre, dem geschilderten Zustande abzuhelfen. Es würde wohl vollauf genügen, den Gegnern Österreich-Ungarns und Deutschlands die Sistierung der Zufuhr von Lebensmitteln und Rohstoffen für den Fall in Aussicht zu stellen, daß der legitime Handel in diesen Artikeln zwischen der Union und den beiden Zentralmächten nicht freigegeben wird.

Wenn sich das Washingtoner Kabinett zu einer Aktion in diesem Sinne bereit fände, so würde es nicht nur der in den Vereinigten Staaten stets hochgehaltenen Tradition folgen, für die Freiheit des legitimen Seehandels einzutreten, sondern sich auch das hohe Verdienst erwerben, das frevelhafte Bestreben der Feinde Österreichs-Ungarns und Deutschlands, sich des Hungers als Bundesgenossen zu bedienen, zunichte zu machen. Die K. u. K. Regierung darf sonach im Geiste der ausgezeichneten Beziehungen, die niemals aufgehört haben, zwischen der österreichisch-ungarischen Monarchie und den Vereinigten Staaten zu bestehen, an die Bundesregierung den von aufrichtiger Freundschaft getragenen Appell richten, sie möge unter Bedachtnahme auf die hier entwickelten Darlegungen den von ihr in dieser so hochbedeutsamen Frage bisher eingenommenen Standpunkt einer reiflichen Überprüfung unterziehen. Eine Revision der seitens der Regierung der Union beobachteten Haltung im Sinne der von der K. u. K. Regierung vertretenen Auffassung würde nach deren Überzeugung nicht nur im Rahmen der Rechte und Obliegenheiten einer neutralen Regierung, sondern auch in den Richtlinien jener von wahrer Menschlichkeit und Friedensliebe beherrschten Grundsätze liegen, welche die Vereinigten Staaten von jeher auf ihr Banner geschrieben haben. Indem der Unterzeichnete die Ehre hat, die sehr gefällige Vermittlung Seiner Exzellenz des außerordentlichen bevollmächtigten Botschafters der Vereinigten Staaten von Amerika Herrn Frederic Courtland Penfield mit der Bitte ganz ergebenst in Anspruch zu nehmen, die vorstehenden Ausführungen auf telegraphischem Wege zur Kenntnis des Washingtoner Kabinetts bringen zu wollen, benützt er zugleich auch diesen Anlaß, um Seiner Exzellenz dem amerikanischen Botschafter den Ausdruck seiner ausgezeichneten Hochachtung zu erneuern."

Nach allem, was vorangegangen war, stand nicht zu erwarten, daß die österreichisch-ungarische Note vom 29. Juni 1915 den von ihr erstrebten Erfolg haben würde. Die rechtlichen und politischen Gesichtspunkte, die in ihr meisterhaft herausgearbeitet waren, blieben wirkungslos, weil man sich in Washington nicht belehren lassen wollte. Wer nicht neutral sein will, ist um eine Ausrede nicht verlegen. Im Weißen Hause hatte man es längst für gut befunden, in dem neutralitätswidrigen Verhalten zu beharren. Trotz aller Rückständigkeit der anglo-amerikanischen Jurisprudenz wußte Herr Lansing, der auf Wilson's Geheiß die Wiener Note ablehnend beantwortete, sehr wohl, daß die Massenlieferungen von Waffen und Munition an die Ententemächte mit der Neutralität der Vereinigten Staaten unvereinbar sind. Doch es galt, das Gesicht zu wahren. Man stellte sich „überrascht", den Vorwurf unneutralen Verhaltens hören zu müssen, hielt es aber angezeigt, die in völkerrechtlichen Dingen anscheinend schlecht bewanderte österreichisch-ungarische Regierung alsbald eines bessern zu belehren; man suchte dem Eindruck, den die Anklage besonders im eigenen Lande machen mußte, entgegenzuwirken.

Am 16. August 1915 überreichte der amerikanische Botschafter in Wien Herr Frederic C. Penfield die Lansing'sche Antwort. Sie lautete nach einer in der „Norddeutschen Allgemeinen Zeitung" (Nr. 237, Erste Ausgabe vom 27. August 1915) veröffentlichten Übersetzung:

„Der unterzeichnete Botschafter der Vereinigten Staaten von Amerika hat nicht ermangelt, seiner Regierung den vollen Inhalt der geschätzten Note vom 29. Juni d. J. mitzuteilen, in welcher Seine Exzellenz Baron Burian, k. und k. Minister des Äußern, die Anschauungen und Bemerkungen der k. und k. Regierung über die Haltung der Regierung der Vereinigten Staaten bezüglich der Gestattung des Handelsverkehrs mit Waffen und Munition zwischen amerikanischen Fabrikanten und Großbritannien und dessen Verbündeten dargelegt hat. Er ist jetzt von seiner Regierung angewiesen, folgendes als Antwort mitzuteilen:

Die Regierung der Vereinigten Staaten hat die Darlegungen der k. und k. Regierung, betreffend die Ausfuhr von Waffen und Munition aus den Vereinigten Staaten in Länder, die sich mit Österreich-Ungarn und Deutschland im Kriegszustand befinden, sorgfältig erwogen. Die Regierung der Vereinigten Staaten nimmt mit Befriedigung davon Kenntnis, daß die k. und k. Regierung die unzweifelhafte Tatsache anerkennt, daß ihre Haltung bezüglich der Ausfuhr von Waffen und Munition aus den Vereinigten Staaten von der Absicht eingegeben ist, „die strengste Neutralität zu wahren und sich bis auf den Buchstaben den Bestimmungen der internationalen Verträge anzupassen“, sie ist jedoch überrascht, zu vernehmen, daß die k. und k. Regierung zu verstehen gibt, daß die Beobachtung der strengen Grundsätze des Rechtes unter den Umständen, die sich im gegenwärtigen Kriege entwickelt haben, ungenügend sei, und behauptet, daß diese Regierung über die seit langem anerkannten Regeln, die diesen Verkehr seitens Neutraler beherrschen, hinausgehen und Maßnahmen ergreifen sollte, „um eine streng paritätische Haltung rücksichtlich beider kriegführender Parteien zu bewahren“.

Dieser Behauptung einer Verpflichtung, die Regeln des internationalen Herkommens mit Rücksicht auf spezielle Umstände zu ändern oder zu modifizieren, kann die Regierung der Vereinigten Staaten nicht beipflichten. Die Anerkennung einer derartigen, der internationalen Praxis der Vergangenheit unbekannten Verpflichtung würde jeder neutralen Nation die Pflicht auferlegen, über den Verlauf eines Krieges zu Gericht zu sitzen und ihren Handelsverkehr mit einem Kriegführenden einzuschränken, dessen maritime Erfolge den Neutralen am Handel mit dem Feinde hinderten. Der Standpunkt der k. und k. Regierung scheint der zu sein, daß die einem Kriegführenden durch seine Überlegenheit zur See erwachsenden Vorteile von neutralen Mächten durch die Herstellung eines Systems des Nichtverkehrs mit dem Sieger ausgeglichen werden sollten. Die k. und k. Regierung beschränkt ihre Bemerkungen auf Waffen und Munition, aber, wenn das Prinzip, für welches sie eintritt, richtig ist, müßte es mit gleicher Kraft für alle Konterbandeartikel gelten. Ein Kriegführender, der die hohe See beherrscht, mag einen reichlichen Vorrat an Waffen und Munition besitzen, aber an Nahrungsmitteln und Kleidern Mangel leiden. Nach dem neuen Grundsatze, daß die Gleichmachung eine Neutralitätspflicht ist, würden neutrale Nationen verpflichtet sein, solche Artikel mit Verbot zu belegen, weil einer der Kriegführenden sie nicht im Wege des Handelsverkehrs erlangen könnte.

Wenn aber dieses von der k. und k. Regierung so stark betonte Prinzip als wirksam anerkannt werden sollte auf Grund der Überlegenheit eines Kriegführenden zur See, sollte es nicht in gleicher Weise gelten für einen zu Lande überlegenen Kriegführenden? Wenn man diese Theorie der Gleichmachung anwendet, müßte einem Kriegführenden, der der zum erfolgreichen Kampfe zu Lande erforderlichen Munition entbehrt, gestattet werden, sie vom Neutralen zu kaufen, während ein Kriegführender, der einen Überfluß an Kriegsmaterial oder die Kraft besitzt, selbes zu erzeugen, von solchem Handel auszuschließen wäre.

Es liegt auf der Hand, daß der von der k. und k. Regierung aufgestellte Begriff strenger Neutralität eine neutrale Nation in eine Menge Verwicklungen hineinziehen würde, welche das ganze Gebiet der internationalen Verpflichtungen verdunkeln, wirtschaftliche Verwirrung hervorrufen und allen Handel und alle Industrie der legitimen Gebiete der Unternehmungstätigkeit, die ohnedies schon durch die unvermeidlichen Beschränkungen des Krieges schwer belastet ist, berauben würde.

In diesem Zusammenhange ist es angebracht, die Aufmerksamkeit der k. und k. Regierung auf die Tatsache zu lenken, daß Österreich-Ungarn und Deutschland, besonderes letzteres, während der dem gegenwärtigen europäischen Kriege vorhergehenden Jahre einen großen Überschuß an Waffen und Munition erzeugt haben, den sie in der ganzen Welt und speziell an Kriegführende verkauften. Während dieses Zeitraumes hat keines von den beiden jemals das jetzt von der k. und k. Regierung vertretene Prinzip angeregt oder angewendet.

Während des Burenkrieges zwischen Großbritannien und den Südafrikanischen Republiken hinderte das Abpatrouillieren der Küste benachbarter neutraler Kolonien durch britische Kriegsfahrzeuge die Verbringung von Waffen und Munition nach dem Transvaal und dem Oranjefreistaat. Die verbündeten Republiken befanden sich in einer Lage, die in dieser Hinsicht nahezu identisch ist mit jener, in welcher sich Österreich-Ungarn und Deutschland gegenwärtig befinden. Trotzdem verkaufte Deutschland ungeachtet der kommerziellen Isolierung des einen Kriegführenden an Großbritannien, den anderen Kriegführenden, hunderttausende Kilogramm von Sprengstoffen, Schießpulver, Patronen, Geschossen und Waffen, und es ist bekannt, daß auch Österreich-Ungarn ähnliche Munition an denselben Käufer, wenn auch in geringeren Mengen verkaufte; während im Vergleiche zu dem gegenwärtigen Kriege die verkauften Mengen gering waren, war das in Frage kommende Prinzip der Neutralität dasselbe. Wenn zu jener Zeit Österreich-Ungarn und sein gegenwärtiger Bundesgenosse sich geweigert hätten, Waffen und Munition an Großbritannien aus dem Grunde zu verkaufen, weil ein solches Vorgehen eine Verletzung des Geistes der strengen Neutralität wäre, dann könnte die k. und k. Regierung mit größerer Folgerichtigkeit und größerer Kraft auf ihrem gegenwärtigen Standpunkte bestehen.

Es darf weiter darauf hingewiesen werden, daß während des Krimkrieges große Quantitäten von Waffen und Kriegsmaterial an Rußland von preußischen Fabrikanten geliefert wurden, daß während des jüngsten Krieges zwischen der Türkei und Italien, wie diese Regierung erfahren hat, Waffen und Munition an die ottomanische Regierung von Deutschland geliefert wurden, und daß während der Balkankriege die Kriegführenden sowohl von Österreich-Ungarn als auch von Deutschland mit Munition versehen wurden. Obwohl diese letzteren Fälle der Lage Österreich-Ungarns und Deutschlands im gegenwärtigen Kriege nicht analog sind, wie es bei dem südafrikanischen Kriege der Fall ist, zeigen sie doch deutlich die seit langem bestehende Praxis der beiden Reiche in Sachen des Handels mit Kriegsmaterial.

Im Hinblicke auf die vorangehenden Ausführungen möchte diese Regierung nicht daran glauben, daß die k. und k. Regierung den Vereinigten Staaten einen Mangel an unparteiischer Neutralität zuschreiben will, wenn sie ihren legitimen Handel mit allen Arten von Materialien fortsetzt, welche gebraucht werden, um die Streitkräfte eines Kriegführenden wirksam zu machen, wenn auch die Umstände des gegenwärtigen Krieges Österreich-Ungarn daran hindern, solche Materialien von den Märkten der Vereinigten Staaten zu beziehen, die, soweit die Aktion und Politik dieser Regierung in Frage kommt, allen Kriegführenden in gleicher Weise offen standen und offen bleiben.

Außer der prinzipiellen Frage liegt aber noch ein praktischer und sachlicher Grund vor, weshalb die Regierung der Vereinigten Staaten seit der Gründnng der Republik bis auf den heutigen

Tag den uneingeschränkten Handel mit Waffen und Kriegsmaterial befürwortet und geübt hat. Es war niemals die Politik dieses Landes, in Friedenszeiten eine große militärische Macht oder Vorräte an Waffen und Munition, die zur Zurückweisung des Einfalles eines wohlausgerüsteten und mächtigen Feindes genügen würden, zu halten. Es hatte den Wunsch, mit allen Nationen in Frieden zu leben und jeden Anschein der Bedrohung dieses Friedens durch die Drohung ihrer Heere und Flotten zu vermeiden. Zufolge dieser hergebrachten Politik würden die Vereinigten Staaten im Falle des Angriffs einer fremden Macht zu Beginn des Krieges ernstlich, wenn nicht gar verhängnisvoll, durch den Mangel an Waffen und Munition und durch den Mangel an Mitteln, solche in einer für die Erfordernisse der nationalen Verteidigung hinreichenden Menge zu erzeugen, in Verlegenheit kommen. Die Vereinigten Staaten haben sich immer auf das Recht und die Möglichkeit, Waffen und Munition von neutralen Mächten im Falle eines fremden Angriffes zu kaufen, verlassen. Dieses Recht, welches sie für sich selbst in Anspruch nehmen, können sie nicht anderen absprechen.

Eine Nation, deren Prinzip und Politik es ist, sich hinsichtlich des Schutzes ihrer politischen und territorialen Integrität auf internationale Verpflichtungen und internationale Gerechtigkeit zu verlassen, könnte das Opfer einer aggressiven Nation werden, deren Politik und Praxis es ist, in Friedenszeiten ihre militärische Kraft mit der Absicht auf Eroberung zu stärken, wenn nicht die angegriffene Nation, nachdem der Krieg erklärt ist, sich auf die Weltmärkte begeben und die Mittel zur Verteidigung gegen den Angreifer kaufen kann.

Würden die Nationen der Welt allgemein die Theorie annehmen, daß neutrale Mächte den Verkauf von Waffen und Munition an Kriegführende zu untersagen hätten, so würde dies jede Nation zwingen, jederzeit genügendes Kriegsmaterial in Bereitschaft zu haben, um jeder sich ergebenden Möglichkeit zu begegnen und Einrichtungen für die Herstellung von Waffen und Munition zu schaffen und zu erhalten, ausreichend, um den Bedarf ihrer Land- und Seestreitkräfte während des ganzen Verlaufs des Krieges zu decken. Es ist klar, daß die Anwendung dieser Theorie dahin führen würde, daß jedes Land zu einem bewaffneten Lager würde, bereit, einem Angriffe zu widerstehen und versucht, bei Behauptung seiner Rechte eher Gewalt anzuwenden, als zur Beilegung internationaler Streitigkeiten Vernunft und Gerechtigkeit anzurufen.

In der Erkenntnis, daß die Annahme des Prinzips, nach welchem es die Pflicht eines neutralen Staates ist, den Verkauf von Waffen und Munition an einen kriegführenden Staat während des Verlaufs des Krieges zu untersagen, unausweichlich jenen Kriegführenden in den Vorteil setzen würde, welcher in Friedenszeiten die Erzeugung von Kriegsmaterial gefördert und in Erwartung des Krieges große Lager von Waffen und Munition angelegt hat, ist die Regierung der Vereinigten Staaten überzeugt, daß die Annahme der Theorie der Welt den Militarismus aufzwingen und jenem Weltfrieden entgegenarbeiten würde, welcher der Wunsch und das Ziel aller Nationen ist, die Gerechtigkeit und Rechtlichkeit in ihren wechselseitigen Beziehungen hochhalten.

Bei der vorangegangenen Erörterung des praktischen Grundes, aus dem sie für den Handel mit Munition eingetreten ist und denselben betrieben hat, wünscht die Regierung der Vereinigten Staaten dahin verstanden zu werden, daß sie nicht in der Absicht gesprochen habe, ein Urteil über die Umstände des gegenwärtigen Krieges auszusprechen oder anzudeuten, sondern nur in voller Offenheit den Gedankengang darzulegen, welcher für die Richtung der Politik der Vereinigten Staaten in diesem Belange maßgebend war.

Während die durch das Vorgehen Österreich-Ungarns und Deutschlands im Verlaufe des südafrikanischen Krieges so gut illustrierte Praxis der Nationen und das offenbare Übel, das aus einer Änderung dieser Praxis sich ergeben würde, die Zustimmung zu den Anregungen der k. und k. Regierung ausgeschlossen erscheinen lassen, können gewisse in der österreichisch-ungarischen Darstellung zur Begründung ihres Standpunktes aufgestellte Behauptungen nicht ohne Bemerkung übergangen werden. Diese Behauptungen sind wesentlich die folgenden: 1. daß die Ausfuhr von Waffen und Munition aus den Vereinigten Staaten an Kriegführende gegen das Préambule der Haager Konvention Nr. 13 vom Jahre 1907 verstoße; 2. daß sie sich nicht mit der Weigerung dieser Regierung verträgt, die Verproviantierung der Kriegsschiffe auf hoher See zuzulassen; 3. daß nach allen Autoritäten auf dem Gebiete des Völkerrechts, welche sich eingehender mit der Frage befassen, „der Export von Munition verhindert werden sollte, wenn dieser Handel eine solche Gestalt oder solche Dimensionen annimmt, daß hierdurch die Neutralität des Landes in Mitleidenschaft gezogen wird."

Was die Behauptung betrifft, daß die Ausfuhr von Waffen und Munition gegen das Préambule der Haager Konvention Nr. 13 vom Jahre 1907 verstoße, so nimmt diese Regierung an, daß man sich auf den letzten Absatz des Préambule bezieht, welcher lautet wie folgt: „in der Erwägung, daß von diesem Grundgedanken aus solche Regeln im Laufe des Krieges von einer neutralen Macht grundsätzlich nicht geändert werden sollten, es sei denn, daß die gemachten Erfahrungen eine Änderung als notwendig zur Wahrung der eigenen Rechte erweisen würden."

Offenbar ist der einzige Grund, die durch die Konvention niedergelegten Regeln, deren eine, wie ausdrücklich hervorgehoben werden soll, erklärt, daß ein Neutraler nicht verpflichtet ist, die Ausfuhr von Kriegskonterbande zu verhindern, abzuändern, die Notwendigkeit, in der sich eine neutrale Macht sieht, dies zu tun, um ihre eigenen Rechte zu schützen. Das Recht und die Pflicht zu entscheiden, wann diese Notwendigkeit vorliegt, steht dem Neutralen, nicht einem Kriegführenden zu und ist diskretionär, ja sogar obligatorisch. Wenn eine neutrale Macht sich dieses Rechtes nicht bedient, so hat eine kriegführende nicht das Vorrecht, sich zu beklagen; denn, wenn sie dies täte, so würde dies darauf hinauslaufen, daß sie einer neutralen Macht erklärt, was notwendig ist, dieser Macht eigene Rechte zu schützen. Die k. und k. Regierung wird nicht umhin können, zu begreifen, daß eine Klage dieser Art eine gerechte Abweisung herausfordern würde.

Mit Bezug auf den behaupteten Widerspruch zwischen der von dieser Regierung in Hinsicht der Ausfuhr von Waffen und Munition angewandten Vorgangsweise und jener, die beobachtet wird, indem nicht gestattet wird, daß Proviant aus deren Häfen auf Kriegsschiffe auf hoher See gebracht werde, ist es nur notwendig hervorzuheben, daß das Verbot der Verproviantierung von Kriegsschiffen auf dem Prinzipe beruht, daß eine neutrale Macht nicht gestatten darf, daß ihr Territorium zu einer maritimen Basis eines der Kriegführenden werde. Ein Kriegsschiff darf unter gewissen Einschränkungen in einem neutralen Hafen einmal in drei Monaten

Feuerung und Proviant erhalten. Würde Handelsschiffen, welche als Tender fungieren, erlaubt, mehr als einmal in drei Monaten und in einem unbegrenzten Ausmaß Proviant zuzuführen, so würde dies die Absicht der Vorschrift zunichte machen und das neutrale Territorium zu einer maritimen Basis gestalten; überdies ist es dieser Regierung unbekannt, daß ein österreichisch-ungarisches Kriegsschiff, sei es direkt oder indirekt, aus einem Hafen der Vereinigten Staaten Proviant zu erhalten gesucht hätte. Diese Sache ist indessen bereits mit der Kaiserlich Deutschen Regierung erörtert worden, welcher der Standpunkt dieser Regierung am 24. Dezember 1914 ausführlich dargelegt worden ist. Im Hinblicke auf die positive Behauptung in der Darlegung der k. und k. Regierung, wonach die Schriftsteller übereinstimmend der Ansicht sind, daß die Ausfuhr von Konterbande neutralitätswidrig ist, hat diese Regierung eine sorgfältige Prüfung der Hauptautoritäten auf dem Gebiete des Völkerrechts veranlaßt. Das Ergebnis dieser Untersuchung hat sie zum Schlusse geführt, daß die k. und k. Regierung irregeleitet worden ist und versehentlich eine irrige Behauptung aufgestellt hat. Weniger als ein Fünftel der zu Rate gezogenen Autoritäten vertreten rückhaltlos das Verbot der Konterbandeausfuhr. Mehrere von den diese Minorität Bildenden geben zu, daß die Praxis der Nationen anders war. Es mag nicht unangebracht erscheinen, die besondere Aufmerksamkeit auf die Erklärung der deutschen Autorität Paul Einicke zu lenken, welcher ausführt, daß zu Beginn eines Krieges die Kriegführenden nie gegen die Erlassung von Verboten des Konterbandehandels Einspruch erhoben haben, aber hinzufügt, „daß derlei Verbote als Neutralitätsverletzungen oder zumindest als unfreundliche Akte angesehen werden können, wenn sie während eines Krieges in der Absicht erlassen werden, die Zufuhrquellen einer Partei, die bisher sich darauf verlassen hatte, unerwarteterweise zu verschließen". Indessen erachtet es die Regierung der Vereinigten Staaten für unnötig, im gegenwärtigen Zeitpunkte die Erörterung über die Darlegungen der österreichisch-ungarischen Regierung weiter auszudehnen. Die Prinzipien des Völkerrechts, die Praxis der Nationen, die nationale Sicherheit der Vereinigten Staaten und anderer Nationen ohne große militärische und maritime Einrichtungen, die Verhinderung der Vergrößerung der Armeen und Flotten, die Anwendung friedlicher

Methoden zur Regelung internationaler Zwistigkeiten und endlich die Neutralität selbst stehen dem Verbote der Ausfuhr von Waffen, Munition und anderen Kriegsvorräten an die kriegführenden Mächte seitens einer neutralen Nation während der Dauer des Krieges entgegen.

Der Unterzeichnete usw.

gez.: Frederic C. Penfield m. p."

Diese amerikanische Note vom 16. August 1915 lenkt „die besondere Aufmerksamkeit auf die Erklärung der deutschen Autorität Paul Einicke, welcher ausführt, daß zu Beginn eines Krieges die Kriegführenden nie gegen die Erlassung von Verboten des Konterbandehandels Einspruch erhoben haben, aber hinzufügt, daß derlei Verbote als Neutralitätsverletzungen oder zum mindest als unfreundliche Akte angesehen werden können, wenn sie während eines Krieges in der Absicht erlassen werden, die Zufuhrquellen einer Partei, die bisher sich darauf verlassen hatte, unerwarteterweise zu verschließen."

Gemeint sind die Ausführungen einer juristischen Dissertation, die aus der von Philipp Zorn geleiteten Staatsrechtlichen Gesellschaft an der Universität Bonn hervorgegangen und im Jahre 1912 unter dem Titel „Rechte und Pflichten der neutralen Mächte im Seekrieg nach dem Haager Abkommen vom 18. Oktober 1907" im Verlag von J. C. B. Mohr (Paul Siebeck) in Tübingen erschienen ist. Diese tüchtige Dissertation, deren Verfasser im Jahre 1916 vor Verdun den Heldentod gefunden hat, ist eine ausführliche Monographie über das genannte Abkommen, das in Artikel 7 die Konterbandeausfuhr behandelt. Einicke selbst hat den Gang seiner Untersuchung wie folgt gezeichnet:

Bei jedem Artikel des Abkommens wird die Geschichte der Entwickelung des in Frage kommenden Rechtssatzes bis zur zweiten Haager Friedenskonferenz von 1907 dargestellt, dann der Gang der Verhandlungen geschildert, und schließlich wird deren Ergebnis kritisch besprochen. Die in der amerikanischen Note vom 16. August 1915 angeführte Stellung des Einicke'schen Buches findet sich am Ende des Abschnittes „Geschichtliche Entwicklung", Unterabschnitt „Staatenpraxis". Der Absatz, der die zitierten Sätze enthält, beginnt mit den Worten: „Ein Rückblick auf die bisherige Praxis führt zu dem Ergebnis . . . .“, d. h. also, nach der Staatenpraxis vor der Haager Konferenz war die Rechtslage so, daß unter ganz besonderen Umständen in dem Verbot eine unfreundliche Handlung hätte erblickt werden können. „Würde ich weiter nichts gesagt haben“, fährt Einicke fort, „so wäre die Auffassung des Herrn Wilson verzeihlich. Wenn er sich aber in seiner Note unmittelbar vor der Stelle, an der er meine Äußerung anführt, den Satz leistet: „daß die k. u. k. Regierung irregeleitet worden ist und versehentlich eine irrige Behauptung aufgestellt hat“, so wäre es auch seine Pflicht gewesen, die von ihm benutzte Schrift sorgfältig und vor allem ganz zu lesen. Zum mindesten hätte er wohl den Abschnitt lesen müssen, der die Überschrift trägt: „Ausübung der in dem Abkommen festgestellten Rechte ist keine unfreundliche Handlung.“ Das Abkommen hat nämlich noch einen Artikel 26, und der lautet:

> „Die Ausübung der in diesem Abkommen festgestellten Rechte durch eine neutrale Macht darf niemals von dem einen oder dem anderen Kriegführenden, der die in Betracht kommenden Artikel angenommen hat, als unfreundliche Handlung angesehen werden.“

Zu diesem Artikel führe ich aus, daß Artikel 7 mittelbar dem Neutralen das Recht gebe, die Aus- und Durchfuhr von Bannware für einen Kriegführenden zu verbieten. Dann heißt es weiter: „Fallen nun solche mittelbaren Rechte unter die Bestimmungen des Artikels 26, oder kann ein Kriegführender, der auf den Waffenbezüg aus dem Ausland angewiesen ist, eine unfreundliche Handlung darin erblicken, wenn z. B. ein Nachbarstaat, durch den diese Waffen hindurchgehen müssen, die Durchfuhr verbietet? Es wäre wünschenswert gewesen, daß aus der Fassung klar hervorginge, daß sich die Bestimmung des Artikels auch auf solche Fälle bezieht.“ Dort spreche ich also aus, daß nach dem Abkommen vom 18. Oktober 1907 meines Erachtens ein Verbot der Aus- und Durchfuhr niemals als unfreundliche Handlung aufgefaßt werden könne; ich bekunde nur mein Bedauern darüber, daß dies bei der unklaren Fassung des Artikels 26 nicht deutlicher zum Ausdruck gebracht ist.“*)

*) „B. Z. am Mittag“ Nr. 221 vom 30. August 1915.

Die Note vom 16. August 1915 macht für die unbeschränkte Zulassung und Fortsetzung des Handels mit Waffen und Munition das Höchste geltend, was ein Staat zur Rechtfertigung einer Maßnahme vorbringen kann: die nationale Sicherheit der Vereinigten Staaten. Ihre Ausführungen hierzu sind von besonderem, über das eigentliche Munitionsthema hinausgreifendem Interesse (v. Truppel im „Tag" Nr. 216 vom 15. September 1915).

Hier wird „als Begründung für die amerikanische Kriegsmateriallieferung zum ersten Mal ausführlich hervorgehoben, daß Amerika selbst im Kriegsfall auf Ankauf von Waffen und Munition von den Neutralen angewiesen sei und daher im eigensten Interesse diesen Beschaffungsmodus auch anderen nicht absprechen könne. Bisher, das heißt in den mit Deutschland gewechselten Noten, hatte Amerika immer nur das grundsätzliche formale Recht zu seiner Handlungsweise betont, an dem die zufällige faktische Absperrung der einen Kriegspartei von solchem Munitionsbezuge nichts ändern dürfe" (v. Truppel a. a. O.). Diese „Begründung stützt sich nicht mehr allein auf starres formales Recht, sondern auf das praktische Erfordernis der Selbsterhaltung" (v. Truppel). Sie sieht von der neutralitätsrechtlichen Frage völlig ab. Für jeden Staat ist die Selbsterhaltung das höchste Gesetz, und diesem Gesetz muß er alles unterordnen. Es verlangt unter Umständen die Lossagung von vertraglichen Verpflichtungen und die Preisgabe der Neutralität. Wenn die Selbstbehauptung des Staates in Frage steht, dann hat jede andere Rücksicht zu weichen. Es handelt sich dann um eine Entscheidung von eminent politischer Bedeutung, um eine Entscheidung, welche die klarste Verletzung der Neutralität in sich schließen kann.

Wären die Vereinigten Staaten von Amerika wirklich in ihrer Existenz bedroht gewesen, wenn sie ein Waffenausfuhrverbot erlassen hätten? Die Antwort kann uns nicht zweifelhaft sein. Doch nicht, was Deutsche oder andere Nichtamerikaner darüber denken, ist maßgebend, sondern in Fragen seiner Selbsterhaltung ist das amerikanische Volk allein zuständig. Wie urteilen Amerikaner über dieses Argument der Note vom 16. August 1915?

William Randolph Hearst sagt in einem am Wilson gerichteten offenen Briefe, den „New York American" vom 19. August 1916 zum Abdruck bringt: „Die Tatsache, daß wir jetzt Waffen und

Munition nach Europa senden, bietet nicht die geringste Gewähr, daß die Nationen, an die wir liefern, uns im Falle eines unserer Kriege Munition liefern würden oder könnten! Nehmen wir einmal an, der Krieg mit der blutigroten Sonne Japans kommt über unser Haupt, und er kommt so sicher, wie die himmliche Sonne aufgeht oder untergeht! Japan ist Englands Bundesgenosse. Japan und England beherrschen den atlantischen und pazifischen Ozean und alle Zufuhrstraßen. Ein Teil der Waffen, welche die gelben Eindringlinge mörderisch gegen uns kehren würden, werden dieselben Waffen sein, die wir jetzt an England, Rußland und Japan liefern!" —

Um die Welt vor dem „Militarismus" zu bewahren und dem „Weltfrieden" zu dienen, muß die amerikanische Regierung — so verkündet ihre Note vom 16. August 1915 — den Verkauf von Waffen und Munition an Kriegführende dulden.

Die Note deutet trotz ihrer allgemeinen Verwahrung, sie wolle „kein Urteil über die Umstände des gegenwärtigen Krieges aussprechen", in nicht zu verkennender Absicht an, die Mittelmächte hätten Unmengen von Waffen und Munition aufgestapelt gehabt, als der Krieg begann. Admiral z. D. von Truppel („Der Tag" Nr. 216 vom 15. September 1915) meint mit Recht: „Wir gehen sicher nicht fehl, wenn wir — einer alten Fabel eingedenk — in dieser Note Österreich-Ungarn als „Sack", das Schlagwort Militarismus als „Schlag" auf Deutschland, den „Esel", beziehen." Und nicht minder deutlich nimmt sie zwischen den Zeilen für Amerika das Recht in Anspruch, diesen Vorsprung der Mittelmächte auszugleichen durch die Umstellung der amerikanischen Industrie auf den Kriegsbedarf der von einem besser gerüsteten Feind überfallenen Mächtegruppe der Entente. Damit bewahrt sie weitschauend die Welt vor dem preußischen Militarismus und dient sie der Vernunft, der Gerechtigkeit, dem Weltfrieden, welcher der Wunsch und das Ziel aller Nationen ist, die Gerechtigkeit und Rechtlichkeit in ihren wechselseitigen Beziehungen hochhalten!

Es verdient besonders festgestellt zu werden, daß hier in einer amtlichen Note der „Militarismus" und seine Gefahren erwähnt werden. Die Welt ist voll von dem Geschrei gegen den unersättlichen und brutalen, die Weltherrschaft erstrebenden deutschen Militarismus. Die Ententemächte haben sich gegen ihn erhoben, um den Weltfrieden zu sichern. Dieses Phrasengetöne hallt wieder durch die Presse fast aller Länder des Erdkreises. Und die Regierung der Vereinigten Staaten verleiht diesem Phrasenschwall über den Militarismus und die ständige Gefährdung des Weltfriedens durch dieses Ungeheuer Heimatrecht im diplomatischen Schriftwechsel! Sie wollte zwar damit in keiner Weise auf die Verhältnisse des gegenwärtigen Krieges Bezug nehmen; das sagte sie ja ausdrücklich! Aber alle Welt lächelte und dachte sich das Nötige dazu. Auch in Deutschland verstand man den plumpen Angriff. Daß wir eine starke Rüstung tragen müssen, um unsere nationale Existenz zu behaupten, das wollte man in Washington nicht gelten lassen. Daß Deutschland umgeben ist von Feinden, daß es durch seine geographische Lage und harte geschichtliche Erfahrungen gezwungen ist, sein Schwert scharf zu halten, kümmerte den Herrn im Weißen Hause nicht. Auch er huldigt dem Irrwahn von der Aggressivität des deutschen Militarismus oder gibt sich wenigstens den Anschein, daß er diesen Militarismus für den schuldigen Urheber des Weltkrieges hält. „Wir sehen mit gerechten Erstaunen das Mißfallen, welches in Amerika der Militarismus Deutschlands erregt, im Kampfe mit dem Militarismus Frankreichs und Rußlands und dem Marinismus Englands. Warum schilt man immer auf den Militarismus und nicht auf den Marinismus? Es ist der einseitige englische Interessenstandpunkt, der dabei das Räsonnement in der öffentlichen Meinung auch anderswo beherrscht"*). Man kann Herrn Wilson nur dringend empfehlen, die Ausführungen des Fürsten von Bülow über „Wehrkraft und Militarismus" recht genau zu lesen und darüber nachzudenken (Deutsche Politik, Berlin 1916. Seite 137 ff.). „Die Stimme unseres nationalen Gewissens sagt uns, was in Wahrheit der deutsche Militarismus ist: Das beste Stück unserer staatlichen, unserer nationalen, unserer Volksentwicklung" (Seite 155). Auch das Urteil, welches eine angesehene amerkanische Zeitschrift, das New Yorker „Army and Navy Journal" vom 3. Oktober 1914 über den deutschen Militarismus und den britischen Marinismus abgibt, sei Herrn Wilson zur Beherzigung empfohlen.

*) Otto Hintze, Unser Militarismus. Ein Wort an Amerika (Internationale Monatsschrift für Wissenschaft, Kunst und Technik. 9. Jahrgang, Heft 4 vom 15. November 1914, Spalte 209—220).

Den ungeheuerlichen amerikanischen Anwurf gegen den deutschen Militarismus nach Gebühr zurückgewiesen zu haben, ist ein Verdienst des Admirals z. D. von Truppel („Der Tag“ Nr. 216 vom 15. September 1915). Eine Regierung, die sich mit den gewagtesten und einer deutschfeindlichen Lügenpresse entnommenen Argumenten schützend vor die Munitionsfabrikanten ihres Landes stellt, hat gegenüber den Notwendigkeiten eines Volkes, das Gold für Eisen gibt, keinen Willen zur Gerechtigkeit. Sie versteht nur, daß man Eisen für Gold gibt.

Statt uns weiter wegen des vielgeschmähten „Militarismus“ mit der Unionsregierung auseinander zu setzen, können wir auf ihr eigenes ungeheures Flottenprogramm hinweisen. Warum hat sie es aufgestellt? Doch auch wohl nur, um stark und gerüstet zu sein für alle Fälle. Bedroht deutscher „Militarismus“ den Weltfrieden mehr als anglo-amerikanischer Marinismus? Konnte die Unionsregierung deutlicher ihre Parteilichkeit zugeben als mit ihrem auf den Beifall der Pazifisten spekulierenden Hinweis auf Militarismus und Weltfrieden? Ist es mit der Neutralität vereinbar, bewußt auszugleichen, wo zwischen Kriegführenden die Waffen- und Munitionsmengen ungleich verteilt sind?

Tatsächlich haben beide Gruppen der Kriegführenden in diesem Kriege an Munitionsmangel gelitten. Die Mittelmächte glichen ihn alsbald durch eigene Leistungen aus. Der Entente half Amerikas Industrie, die sich auf den Bedarf der Ententemächte einstellte, über die Krisis hinweg. So hat die Welt es Amerika zu verdanken, daß die Kriegsfurie weiter wütet. Das mußte so sein, die Regierung der Vereinigten Staaten durfte es nicht durch ein Ausfuhrverbot hindern; sie liebte ja Rechtlichkeit, Gerechtigkeit und Weltfrieden! Und Amerika wollte neutral sein!

Mit welchen Mitteln damals die öffentliche Meinung Amerikas gegen Deutschland und seine Klage über die amerikanischen Kriegslieferungen bearbeitet wurde, dafür nur ein Beispiel:

Der frühere Präsident der Vereinigten Staaten Roosevelt stellte nach einer vom 2. September 1915 datierten Korrespondenz der „Kölnischen Volkszeitung“ zur Rechtfertigung der amerikanischen Waffenlieferungen in einer Rede den Satz auf: Amerikanische Munitionsfabrikanten, die sich weigerten, Munition zu liefern für jene Heere, die kämpften, um Belgien seinem eigenen Volke zurückzugeben, gehörten an den Schandpfahl; es müsse noch viel mehr Munition geliefert werden. Roosevelt's Auffassung von echter amerikanischer Neutralität gelangte zu besonders klarem Ausdruck, als er verkündete: Es wäre eine üble Sache, wenn die Amerikaner den Deutschen Kriegsmaterial schickten, aber es sei edel gehandelt, wenn sie Deutschlands Feinde damit versorgten. Er verdeutlichte dies noch durch folgenden Vergleich: Es sei recht für eine Privatfirma, den Polizisten die Waffen zu liefern, welche den Dieb, den Einbrecher, einen Mädchenhändler unschädlich machen. Es sei unrecht, einen Einbrecher, einen Mädchenhändler mit Waffen auszurüsten, damit er sie gegen den Polizisten brauche. Das Gleiche gelte auch für das internationale Leben! —

Die österreichische Antwort vom 24. September 1915 auf die amerikanische Note vom 16. August 1915 („Norddeutsche Allgemeine Zeitung" Nr. 268, Montags-Ausgabe vom 27. September 1915) verdient den Namen einer meisterhaften diplomatischen Urkunde. Hier ihr Wortlaut:

„Der Unterzeichnete hat die Ehre gehabt, die sehr geschätzte Note vom 16. August d. J. Nr. 2758 zu erhalten, mit welcher es Seiner Exzellenz dem Herrn außerordentlichen und bevollmächtigten Botschafter der Vereinigten Staaten von Amerika Frederic Courtland Penfield gefällig war, die Stellung zu kennzeichnen, welche die Regierung der Vereinigten Staaten von Amerika gegenüber dem von der k. und k. Regierung in der Frage der Lieferung von Kriegsbedarf an Großbritannien und dessen Verbündete vertretenen Standpunkt einnimmt. Die Darlegungen, welche das Washingtoner Kabinett dieser Frage gewidmet hat, lassen die verschiedenen Gesichtspunkte erkennen, die für die Bundesregierung in der Angelegenheit maßgebend sind, und die es ihr nach ihrer Meinung verwehren, den von der k. und k. Regierung geltend gemachten Anschauungen Rechnung zu tragen. So sehr es sich auch die k. und k. Regierung hat angelegen sein lassen, die vom Washingtoner Kabinett ins Treffen geführten Momente eingehend zu prüfen, so vermag gleichwohl deren sorgfältigste Wägung und Wertung sie zu einem Abgehen von dem Standpunkt nicht zu bestimmen, wie er in der Note vom 29. Juni d. J. Nr. 59 465 auseinandergesetzt erscheint.

Die Ausführungen der Bundesregierung beruhen zum großen Teil auf der nicht zutreffenden Voraussetzung, als hätte die k. und k. Regierung die in Artikel 7 der V. und der XIII. Haager Konvention den Angehörigen neutraler Mächte eingeräumte Befugnis, den Kriegführenden Konterbande zu liefern, überhaupt in Abrede gestellt, während doch die vorerwähnte Note der k. und k. Regierung ausdrücklich besagt hatte, daß der Wortlaut — aber auch nur dieser — der bezogenen Bestimmung der Bundesregierung eine formale Handhabe zur Duldung des von ihren Bürgern gegenwärtig betriebenen Handels mit Kriegsmaterial biete. Der k. und k. Regierung lag selbstverständlich fern, dem Washingtoner Kabinett ein Abgehen von einem geltenden Vertrag anzusinnen, sie wies nur darauf hin, daß nach ihrem Dafürhalten jener Bestimmung nicht eine Auslegung gegeben werden sollte, die mit dem Grundgedanken und den obersten Grundsätzen des Neutralitätsrechts in Widerspruch geriete. Allerdings entsteht aus der fortschreitenden Kodifizierung des Völkerrechts die Gefahr, daß die in schriftlichen Vereinbarungen niedergelegten Rechtssätze als das Um und Auf des Völkerrechts angesehen und darüber dessen allgemeine Grundgedanken, soweit sie noch nicht in Staatsverträgen ausdrücklich fixiert worden sind, übersehen werden. Dieser Möglichkeit sollte jedoch gerade in Bezug auf die Materie des Neutralitätsrechtes vorgebeugt werden, und in diesem Sinne erscheint in Préambule der XIII. Haager Konvention (2. und 3. Absatz) betont, daß die Stipulationen dieses Abkommens lediglich Fragmente darstellen, die nicht allen Umständen, wie sie sich in der Praxis ergeben können, Rechnung tragen und ihr Korrektiv bezw. Ergänzung finden in den allgemeinen Prinzipien des internationalen Rechts.

Die k. und k. Regierung hat denn auch ihre einschlägigen Darlegungen auf das spezielle Problem eingestellt, ob die zitierte Vertragsbestimmung nicht an diesen Prinzipien ihre Schranke finde, und sie hat, als sie sich bei Bejahung der Frage auf die Stimmen der Wissenschaft berief, eben nur jene Autoritäten im Auge gehabt und im Auge haben können, welche speziell untersuchen, ob die sonst zulässige Ausfuhr von Kriegsbedarf nicht unter Umständen eine Kompromittierung der Neutralität involviert. Eine Behauptung des Inhalts, die Schriftsteller seien übereinstimmend der Ansicht, daß Ausfuhr von Konterbande neutralitätswidrig sei, findet sich an keiner Stelle der Note vom 29. Juni d. Js. Die k. und k. Regierung hat ferner keineswegs einem Prinzip der Gleichmachung („Equalisation") das Wort geredet. In der Tat begründete sie ihre in der Frage der Ausfuhr von Kriegsbedarf vorgebrachte Anregung nicht damit, daß sie selbst nicht in der Lage sei, aus den Vereinigten Staaten von Amerika Kriegsmaterial zu beziehen. Ja, sie ist der Meinung, daß der übermäßige Export von Kriegsbedarf nicht einmal dann zulässig wäre, wenn ein solcher nach den Ländern beider Kriegsparteien sich vollzöge. Der Gedanke, es obliege einer neutralen Macht, den Nachteil, in dem sich Österreich-Ungarn infolge der Unmöglichkeit befindet, Kriegsmaterial aus deren Gebiet zu beziehen, dadurch wettzumachen, daß diese neutrale Macht ihren Untertanen den normalen Handel mit solchen Gegenständen mit den Feinden der Monarchie verbieten solle, hat der k. und k. Regierung niemals vorgeschwebt. Nur dagegen wandte sie sich, daß das Wirtschaftsleben der Vereinigten Staaten durch Schaffung neuer und Erweiterung bestehender Betriebe dem Zweck der Erzeugung und der Ausfuhr von Kriegsbedarf in weitestem Umfange dienstbar gemacht und auf solche Art sozusagen militarisiert wurde, wenn es gestattet ist, dieses viel mißbrauchte Wort hier zu verwenden. In dieser Konzentration so vieler Kräfte auf das eine Ziel, die Lieferung von Kriegsbedarf, welche, wenn auch nicht der Absicht nach, so doch tatsächlich eine wirksame Unterstützung einer der Kriegsparteien zur Folge hat, was um so auffälliger in die Erscheinung tritt, als der anderen Kriegspartei aus den Vereinigten Staaten nicht einmal solche Waren geliefert werden, die nicht Konterbande bilden, ist aber auch ein „fait nouveau" gelegen, durch welches der Hinweis auf vermeintliche Präzedenzfälle in anderen Kriegen entkräftet wird. Die Parallele mit früheren Kriegen versagt umsomehr, als dies stets nur Kriege zwischen zwei einzelnen Mächten oder doch zwischen Gruppen wenig zahlreicher Mächte waren. Unter dieser Voraussetzung war es möglich, daß, wenn aus einem neutralen Land Kriegsmaterial nur an eine Kriegspartei geliefert wurde, deren Gegner sich an andere Neutrale wenden konnte. Im gegenwärtigen Kriege aber sind die Vereinigten Staaten von Amerika die einzige Macht, welche für solche Lieferungen füglich in Betracht kommen kann. Auch dadurch gewinnt also die Ausfuhr von Kriegsbedarf aus der Union, wie sie jetzt betrieben wird, eine ganz andere Bedeutung als der Export von Konterbande jemals vorher haben konnte. Da alle diese unterscheidenden Momente erst im Verlauf des Krieges in voller Deutlichkeit hervorgetreten sind, glaubt die österreichisch-ungarische Regierung sich zu der Auffassung berechtigt, daß in ihnen im Sinne des letzten Absatzes des Préambule zur XIII. Konvention eine hinreichende Begründung für die Änderung der Normen gelegen wäre, die in den Vereinigten Staaten bisher in Geltung sind. Zweifellos gehört die volle und strenge Unparteilichkeit, wie sie vom Washingtoner Kabinett angestrebt wird, und damit die Enthaltung von jeder direkten und indirekten Unterstützung und Förderung einer Kriegspartei jedenfalls auch zu den Rechten eines neutralen Staates. Zeigt die Erfahrung, daß ein Embargo irgendwelcher Art zu diesem Zweck im Verlauf eines Krieges nötig wird, dann ist diese Macht berechtigt, ihre bisherige Neutralitätspraxis zu ändern. Auf der anderen Seite stellt sich der gegenwärtige, von allen bisherigen völlig verschiedene Fall als ein Novum dar, welches sich, wie schon angedeutet, der Subsumierung unter den zitierten Artikel 7 entzieht und daher nicht anders denn als ein „cas non prévu" betrachtet werden kann, welcher im Sinne des Préambule der XIII. Konvention (Absatz 3) nach den allgemeinen Grundsätzen des Völkerrechts, wie sie im vorstehenden entwickelt wurden, zu beurteilen kommt.

Auch die von der k. und k. Regierung in Ansehung der Zufuhr von Lebensmitteln und Rohstoffen gemachte Anregung ging nicht von der Idee aus, als wäre eine neutrale Regierung verpflichtet, die von einer Kriegspartei über die andere erlangten Vorteile durch ein Non-Intercourse-System mit jener Partei zu kompensieren. Die erwähnte Anregung galt, wie aus der Note vom 29. Juni d. Js. hervorgeht, lediglich dem Zwecke, dem Washingtoner Kabinett, welches sich darauf berufen hatte, daß es den Vereinigten Staaten von Amerika infolge der Kriegslage unmöglich sei, mit den Zentralmächten Handel zu treiben, darzutun, daß es in der Hand der Bundesregierung liege, eine solche Möglichkeit zu eröffnen. Tatsächlich sind es ja nicht die maritimen Erfolge Großbritanniens und dessen Verbündeter, welche den Handel zwischen Amerika und Österreich-Ungarn, wenigstens soweit Nichtkonterbandewaren in Betracht kommen, aufhören machten, sondern die von den Ententestaaten getroffenen rechtswidrigen Maßnahmen, welche, wie der k. und k. Regierung nicht unbekannt geblieben ist, auch von der Unionsregierung als rechtswidrig betrachtet werden. Die k. und k. Regierung bestreitet zwar nicht, daß, falls das Washingtoner Kabinett ihren Anschauungen Rechnung trüge, dadurch die Stellung der Vereinigten Staaten von Amerika zu den beiden Kriegsparteien auf dem Gebiete des Handelsverkehrs eine weniger ungleichartige werden würde, als sie es gegenwärtig ist. Daraus scheint aber der k. und k. Regierung umsoweniger ein Argument gegen eine von einer neutralen Macht unter dem Gesichtspunkt der Neutralität etwa auch sonst als berechtigt anerkannte Anregung abgeleitet werden zu können, als es sicherlich auch nach Anschauung des Washingtoner Kabinetts nicht zu den Aufgaben eines neutralen Staates gehört, seine Stellung zu den beiden Kriegsparteien möglichst ungleichartig zu gestalten, oder, falls eine solche Ungleichartigkeit besteht, unter keinen Umständen daran zu rühren. Gegenüber der Annahme der Unionsregierung, die Ausfuhr von Waffen und Munition verstoße nach der Meinung der k. und k. Regierung gegen den letzten Absatz des Préambule zur XIII. Konvention, darf betont werden, daß die k. und k. Regierung ihre Stellungnahme gegen die übermäßige Ausfuhr von Kriegsbedarf, wie bereits oben dargetan, auf den 2. und 3. Absatz dieses Préambule gründete. Die Berufung auf den letzten Absatz war im Zusammenhang mit der Frage der illegitimen Abschließung Österreich-Ungarns von dem amerikanischen Markt gedacht und sollte zeigen, daß die Unionsregierung schon aus diesem Grunde zur Erlassung eines Ausfuhrverbots auf legislativem Wege berechtigt wäre.

Wenn die Regierung der Vereinigten Staaten, wie es scheint, zum Ausdruck bringen will, es fehle der Regierung einer kriegführenden Macht die Legitimation, das Wort zu nehmen, wenn es sich um die Wahrung oder die Ausübung eines Rechtes eines neutralen Staates handelt, so erklärt sich dies wohl daraus, daß das Washingtoner Kabinett den bezogenen letzten Absatz vielleicht etwas zu restriktiv dahin auslegt, als beziehe er sich nur auf höchst persönliche Rechte, deren Wahrnehmung auch nach Ansicht der k. und k. Regierung selbstverständlich dem eigenen Ermessen des neutralen Staates überlassen bleiben muß. Der besagte Absatz hat jedoch, wie aus dem Bericht erhellt, den der französische Delegierte Herr Renault dem Plenum der Haager Konferenz über die XIII. Konvention erstattet hat (Deuxième Conf. Intern. de la Paix, Actes et doc., tome I p. 328), den Fall der Wahrung der Neutralität im Auge, und es kann daher einem Kriegführenden die Befugnis nicht abgesprochen werden, unter Berufung auf die erwähnte Stelle an eine neutrale Regierung heranzutreten, wenn die Frage der Wahrung der Rechte des neutralen Staates den Rechtskreis des Kriegführenden tangiert.

Mit lebhaftem Interesse ist die k. und k. Regierung den Ausführungen gefolgt, worin die Gesichtspunkte dargelegt sind, welche es dem Washingtoner Kabinett unabweislich erscheinen lassen, im gegenwärtigen Krieg der Ausfuhr von Kriegsmaterial keine Schranken zu setzen. Sie gibt jedoch die Hoffnung nicht auf, der Zustimmung der Bundesregierung zu begegnen, wenn sie bemerkt, daß diesen Gesichtspunkten rein praktischer Natur irgendein Einfluß auf die Beurteilung der Rechtslage nicht zukommt, wobei es unsererseits ununtersucht bleiben muß, ob die Tatsache, daß die Erzeugung von Kriegsbedarf in den Vereinigten Staaten einen so ungeheuren Umfang annehmen konnte, nicht den Schluß gestatten würde, daß die Vereinigten Staaten, in denen alle Vorbedingungen dieser Produktion, Menschenkraft, Naturschätze und Kapital, in überreichem Maße gegeben sind, im Falle, als sie selbst Krieg zu führen hätten und die eigene Sache die Energien der Bürger noch steigerte, auf den Bezug von Kriegsmaterial aus dem Ausland nicht angewiesen wären.

Im einzelnen möchte die k. und k. Regierung noch folgendes beizufügen sich erlauben: Bei Anführung der vom Washingtoner Kabinett angerufenen Präzedenzfälle, welche jedoch, wie schon erwähnt, als solche nicht anerkannt zu werden vermögen, unterstreicht die Bundesregierung das Beispiel aus dem Burenkrieg, in dessen Verlauf sich eine analoge kommerzielle Isolierung der einen Kriegspartei ergeben habe, wie im jetzigen Kriege. Eine derartige Analogie kann aber in Wahrheit kaum erblickt werden, weil Großbritannien damals ein Handelsverbot, wie es die jetzigen rechtswidrigen Maßnahmen des Londoner Kabinetts darstellen, nicht erlassen hat und in der Behinderung der Zufuhr von Waffen und Munition, deren die Unionsregierung Erwähnung tut, eine kommerzielle Isolierung gewiß nicht gesehen zu werden vermag, ganz zu geschweigen der Tatsache, daß die Ausfuhr von Kriegsmaterial aus Österreich-Ungarn im Burenkrieg, gleichwie in anderen Kriegen, wo eine solche Ausfuhr überhaupt stattfand, die Grenze der Zulässigkeit niemals überschritten hat. Was die Berufung auf den vom Washingtoner Kabinett angeführten deutschen Schriftsteller anlangt, so ist ihr ebenso wie den daran geknüpften Konklusionen der Boden wohl dadurch entzogen, daß, wie der Bundesregierung mittlerweile gewiß bekannt geworden ist, Herr Einicke selbst öffentlich dagegen Verwahrung eingelegt hat, eine Stelle seiner Abhandlung über die Neutralität im Seekrieg zugunsten der Haltung des Washingtoner Kabinetts verwertet zu sehen. Im übrigen hält es auch die k. und k. Regierung für selbstverständlich, daß ein neutraler Staat ein Ausfuhrverbot nicht in der Absicht erlassen darf, einer der Kriegsparteien zu schaden. Ebenso selbstverständlich kann aber von einem Ausfuhrverbot, welches ein Staat behufs Wahrung seiner Neutralität erlassen würde, niemals behauptet werden, es sei dies in der Absicht geschehen, eine Kriegspartei zu benachteiligen. Die Erörterungen der Bundesregierung endlich, welche von der Verproviantierung von Kriegsschiffen handeln, beruhen augenscheinlich auf einem Mißverständnis. Bei dem Hinweis auf das Verbot der Lieferung von Kriegsschiffen und das Verbot gewisser Lieferungen an Kriegsschiffe hatte die k. und k. Regierung nicht einen konkreten Fall im Auge, sondern die in den Artikeln 8, 19 und 20 der XIII. Haager Konvention ausgesprochenen Verbote.

Der Unterzeichnete hat die Ehre, sich an die Gefälligkeit Seiner Exzellenz des Herrn amerikanischen Botschafters mit der ergebensten Bitte zu wenden, von den vorstehenden freundschaftlichen Ausführungen, welche lediglich bestimmt sind, die Darstellung der Rechtslage, wie sie in der Note vom 29. Juni l. Js. gekennzeichnet war, unter Bedachtnahme auf die von der Bundesregierung vorgebrachten Momente abschließend zu ergänzen, dem Washingtoner Kabinett auf telegraphischem Wege Mitteilung machen zu wollen, und benützt zugleich auch diesen Anlaß, um Seiner Exzellenz, dem Herrn amerikanischen Botschafter, den Ausdruck seiner ausgezeichnetsten Hochachtung zu erneuern."

VII.

Neutrale Amerikaner.

Der deutsche und der österreichisch-ungarische Einspruch gegen Wilsons unneutrales Verhalten waren vergebens. Wilson wollte nicht zurück von der einmal betretenen Bahn. Weitere Schritte mußten angesichts des eigensinnigen Temperaments des Präsidenten aussichtslos erscheinen; er hatte alle Brücken hinter sich abgebrochen und seine Meinung derartig endgültig zu erkennen gegeben, daß es für ihn unmöglich war, seinen Standpunkt zu ändern.*) Er konnte es auch aus anderen Gründen nicht mehr. Die von ihm nicht nur geduldeten, sondern sogar eifrigst geförderten Kriegsmaterial-lieferungen hatten mittlerweile fast die gesamte nordamerikanische Industrie an die Interessen der Entente gefesselt. Die Kriegs-industrie hatte auch zum Nutzen anderer Industriezweige einen ungeheuren Goldsegen ins Land gebracht. Die Geldflüssigkeit, welche durch die Kriegsbestellungen erzeugt war, hatte sich auch auf unbeteiligte Wirtschaftsgebiete übertragen. Ein wirtschaftlicher Aufschwung auf verschiedensten Gebieten war die Folge. Die Regierung buchte ihn als ihr Verdienst. Sie stand überdies unter dem ihr nicht unwillkommenen Druck der von den Kriegsinteressen beherrschten Presse und der die Situation ausnutzenden Großbanken. Wilsons Wiederwahl wäre gegen diese Mächte nicht durchzusetzen gewesen.

Zur Ehre eines Teiles der amerikanischen Bürger muß anerkannt werden, daß zahlreiche Amerikaner, und zwar nicht nur deutscher, sondern auch englischer Abstammung, gegen die Massen-Munitions-Lieferungen auftraten und einer wahren Neutralität das Wort redeten. John L. Stoddard, ein Amerikaner echt englischer Abstammung, steht keineswegs allein unter seinen Landsleuten mit der wuchtigen Anklageschrift, die er gegen Wilson in der „Deutschen Revue“ (Dezember-Heft 1915) veröffentlicht hat. Freilich kann keine Rede davon sein, daß die überwiegende Mehrheit des amerikanischen Volkes die gewaltigen Kriegslieferungen mißbilligt habe. Die Haltung des Kongresses, dessen Mitglieder für die Meinung

*) Aus einem Briefe des österreichisch-ungarischen Botschafters Dumba an den österreichischen Minister des Äußeren, mitgeteilt von Fleischmann in der Zeitschrift für Völkerrecht Bd. IX (1916) Seite 356.

und den Willen der Massen ein empfindliches Ohr haben, läßt darüber keinen Zweifel. Einzelne von ihnen mögen auch, von der Nutzlosigkeit eines Kongreßbeschlusses über ein Waffenausfuhrverbot überzeugt, ihren Widerstand gegen die Wilson'sche Duldungspolitik aufgegeben haben. Es war sicher, daß Wilson äußersten Falls sein Veto eingelegt hätte, und nicht unwahrscheinlich, daß ein im Kongreß mit Zweidrittelmehrheit angenommenes Gesetz gegen die Kriegsbedarf-Ausfuhr infolge dieses Einspruchs erst nach Kriegsende in Kraft getreten wäre.

Gesetzentwürfe wurden schon im Dezember 1914 im Kongreß eingebracht, wonach die Ausfuhr von Munition und Waren, die zu militärischen Zwecken benutzt werden können, verboten werden sollte (Antrag Bartholdt-Hitchcock). Zur Begründung führte Bartholdt aus:*)

„Die Vereinigten Staaten sind in der Lage, den europäischen Krieg zu beendigen. Die Kriegführenden sind von uns in ihrer Zufuhr abhängig. Wenn diese Zufuhren abgeschnitten werden könnten, würden die Feindseligkeiten bald zu Ende kommen. Wenn wir die richtige Haltung in dieser Angelegenheit einnehmen wollen, müssen wir die Ausfuhr von Waffen, Munition und anderem Kriegsbedarf verbieten. Wir wissen natürlich sehr wohl, daß, wie die Dinge liegen, die Verbündeten keine Schwierigkeiten haben, ihren Bedarf hierzulande zu decken, während die andere Partei darin die größten Schwierigkeiten hat. Wir können nicht behaupten, neutral zu sein, solange die eine Seite Waren erhält, die die andere Seite aus verschiedenen Gründen nicht beziehen kann. Die Angelegenheit erregt das Interesse der Friedensfreunde im ganzen Lande. Es handelt sich nicht um eine deutsche, oder vielmehr deutsch-amerikanische Bewegung, sondern um eine Friedensbewegung."

Nicht unerwähnt bleibe auch die Äußerung des Amerikaners Henderson: „Seien wir keine Heuchler, verdammen wir nicht die furchtbaren Taten der Kämpfer auf beiden Seiten, welche von Furcht und Haß halb verrückt sind, während wir Amerikaner, vom deutschen Standpunkt aus gesehen, uns ruhig vom Blutgeld mästen." **)

*) Wippermann's Deutscher Geschichtskalender, Dezember 1914. S. 587.
**) Meurer, Der Lusitania-Fall. Tübingen 1915. Seite 95.

Ende Januar 1916 wurde aus Washington eine Äußerung des Senators Kenyon (Iowa) berichtet, zu dem Gebot „Du sollst nicht töten“ müsse man hinzusetzen: „Du sollst nicht helfen andere zu töten.“ Der Klang des Dollars könne den Schrei des Leidens von den Schlachtfeldern Europas her nicht übertönen. Nach dem Völkerrecht möge es ganz in Ordnung sein, mit Werkzeugen zur Tötung von Menschen zu handeln, aber es sei gegen das Sittengesetz. Am Sonntag für den Frieden zu beten und die Woche dazu zu verwenden, Kriegswaffen herzustellen, sei nichts als, gerade herausgesagt, Heuchelei.

Es soll unvergessen bleiben, daß bedeutende Fabriken sich weigerten, Kriegslieferungen nach England, Frankreich und Rußland zu übernehmen und sich auf Kosten von Strömen deutschen Blutes zu bereichern, daß viele Amerikaner es aufs schärfste verurteilt haben, daß die ungeheuren Lieferungen ihrer Mitbürger und deren Duldung durch ihre Regierung die Fortsetzung der Massenschlächtereien in Europa ermöglichten. Es sei erinnert an die große Friedenskundgebung in New York vom 24. Juni 1915, an der nicht weniger als 70 000, nach anderer Schätzung gar gegen 100 000 Menschen, Angehörige aller Nationalitäten, teilnahmen. In der von dieser Massenversammlung angenommenen Entschließung heißt es:

„Die Interessen des amerikanischen Volkes und der Menschlichkeit verlangen, daß die Ausfuhr von Waffen und Munition an die Kriegführenden verboten wird. Arbeitskräfte und Fertigkeit amerikanischer Arbeiter in solche Bahnen zu leiten und amerikanisches Kapital von friedlicher, natürlich gesunder und Wohlstand schaffender Industrie zur Herstellung von Mordwaffen abzulenken, ist eine volkswirtschaftliche Torheit und ein Verbrechen gegen die Moral. Wir verwerfen als einer großen Nation unwürdig das blendende Schlagwort, daß ein selbständiger Staat seine Ausfuhrgesetze nicht ändern dürfe, weil gerade ein Krieg zwischen anderen Völkern im Gange ist. Nicht die kleinste Stelle im Völkerrecht, kein Präzedenzfall, kein analoger Fall kann als Stütze für diese haltlose, widersinnige Behauptung beigebracht werden, durch welche das Publikum von Geldinteressenten in dieser Frage betrogen werden soll. Die erste Pflicht einer Regierung ist die Sorge für das Wohlergehen der eigenen Staatsangehörigen, demgegenüber spielen die Ansichten fremder Regierungen über unsere innere Landesgesetzgebung eine untergeordnete Rolle. Die Einigkeit und Ruhe unserer eigenen Volksgenossen hat der Sucht nach ausländischer Gunst voranzustehen. Wenn einmal die Gefühle anderer Nationen berücksichtigt werden sollen, so liegt doch auf der Hand, daß der Unwille von Millionen, denen Väter, Brüder und Söhne durch amerikanische Kugeln getötet werden, ungleich tiefer und bleibender sein muß, als die Enttäuschung derer, denen wir unsere Beihilfe bei Abschlachtung ihrer Feinde verweigern. Fast während eines Jahres haben amerikanische Waffen- und Munitionsfabriken ausschließlich die Völker unter britischer Führung gegen die drei Völker des teutonischen Bundes mit Waffen versorgt. Die Behauptung, es würde unneutral sein, nach einjähriger Ausfuhr, die in Wirklichkeit nur zugunsten Englands und seiner Verbündeten gearbeitet hat, alle Kriegführenden zu zwingen, sich auf ihre eigenen Hilfsquellen zu verlassen, ist das Eingeständnis einer Parteilichkeit, die alle unsere Neutralitätserklärungen in Mißkredit bringt, die der gewöhnliche Menschenverstand klar durchschaut und die der gesunde Sinn des amerikanischen Volkes, das in Wahrheit human und unparteiisch sein will, nicht dulden wird. Wir verlangen daher, daß die Regierung der Vereinigten Staaten die Ausfuhr von Waffen und Munition verbietet und damit der Welt einen Beweis von praktischer Weisheit, Humanität, Charakter und möglichst vollkommener Einhaltung strengster Neutralität liefert."

Über eine andere große Kundgebung gegen die Waffenlieferungen Amerikas an die Kriegführenden wurde schon einige Monate vorher berichtet. 435 Verleger und Herausgeber fremdsprachiger, d. h. englischer und nichtdeutscher, Zeitungen erließen am 5. April 1915 in allen namhaften amerikanischen Blättern folgenden Aufruf:*)

„Infolge des Empfanges von Hunderttausenden von Briefen, Kabeldepeschen und Mitteilungen durch verschiedene Quellen, welche herzbrechende Appelle, Gesuche und Bitten von Leuten aus unseren Mutterländern enthalten, haben wir, die unterzeichneten Redakteure und Herausgeber, beschlossen, diesen Appell im Interesse unserer Leser an das amerikanische Volk zu richten. Die Leser unserer Zeitungen sind fast ohne Ausnahme von diesem unheilvollen

*) Wippermanns Deutscher Geschichtskalender, April 1915. Seite 499 ff.

Kampf der europäischen Nationen erheblich betroffen. Ihre Brüder, ihre Schwestern, Eltern, Kinder oder Verwandte leben in den kriegführenden Ländern. Damit soll nicht gesagt sein, daß das amerikanische Volk als Ganzes nicht bedeutend in Mitleidenschaft gezogen ist, doch unsere Leser sind durch die Bande der Blutsverwandtschaft enger mit den Völkern der Länder verknüpft, die jetzt in die Abgründe barbarischer Kriegsgreuel gestürzt sind. Täglich bringt die Post mit ihren Neuigkeiten von dem bedauernswerten Fortschritt des Krieges neues und bitteres Leiden für die Herzen unseres Volkes. Das Flehen von Millionen verwitweter Mütter, die Appelle vaterloser Kinder und Waisen sowie die von den darbenden Tausenden aus Europa an uns gerichteten Bitten berechtigen uns, wie wir glauben, dazu, diesen Aufruf im Namen der Humanität und Gerechtigkeit zu erlassen.

Wir appellieren an das amerikanische Volk, an die hochherzige und mutige amerikanische Presse und an die amerikanischen Fabrikanten von Pulver, Schrapnellen und Patronen, und wir appellieren an die Arbeiter, welche in den der Herstellung von Munition für den Gebrauch der kriegführenden Nationen gewidmeten Fabriken beschäftigt sind, sofort die Anfertigung von Pulver, Schrapnellen und Patronen einzustellen, welche dazu bestimmt sind, unsere Brüder zu töten, unsere Schwestern und Mütter zu Witwen und ihre Kinder zu Waisen zu machen, wie auch die von unseren Vorfahren überkommenen unschätzbaren Güter für immer zu vernichten.

Wir appellieren insbesondere an die amerikanischen Fabrikanten und ihre Arbeiter, die mit der Herstellung irgendwelcher dieser Artikel betraut sind, sofort die Fabrikation von Pulver und Kugeln einzustellen, welche zu dem grausamen und unmenschlichen Zweck hergestellt werden, Menschen zu verstümmeln und zu vernichten.

Wir appellieren an die Arbeiter solcher Fabriken persönlich, selbst unter Opferung ihrer Stellungen, sich durch unentwegte Opposition gegen die Zumutung auszuzeichnen, sich zur Herstellung von Munition anstellen zu lassen, um die Körper ihrer eigenen Blutsverwandten zu zerschmettern und ihr Leben auszulöschen.

Die Ehre des amerikanischen Volkes, die Integrität der Nation, die Stellung unserer Fabrikanten sowie der Patriotismus und die Mannhaftigkeit der Arbeiter fordern, daß der Welt ein für allemal bewiesen werde, daß für von Menschenblut beflecktes Geld diese Eigenschaften nicht käuflich sind. Wir bitten daher das amerikanische Volk im Namen der Humanität und eines wahren Neutralitätssinnes, als Individuen und als Nation alles in ihrer Macht zu tun, um die Fabrikanten und Arbeiter in den Vereinigten Staaten, welche mit der Herstellung von Pulver und Kugeln für den Gebrauch irgend eines der kriegführenden Länder der Welt beschäftigt sind, zu veranlassen, diese Fabrikation, den Verkauf und Versand solcher Materialien aufzugeben. Wir appellieren an Sie und jeden Leser, uns unsere Brüder vor weiterer Vernichtung bewahren zu helfen. Lassen Sie uns Amerikaner uns mit Mut und Entschiedenheit unserer Verantwortlichkeit gewachsen zeigen. Erstens müssen wir die Engrosfabrikation von Munition zu Profitzwecken einstellen und hierdurch unsere eigene Beteiligung am Krieg aufgeben. Dann können wir darauf bestehen, daß Europa unserem Verlangen nach Frieden nachgebe. Stellen Sie Ihre Arbeit an Pulver, Schrapnellen und Kanonen ein. Geben Sie Ihrem Wunsche Nachdruck durch Beschlüsse Ihrer Vereine, durch Appell an Ihre lokale Presse, durch Tätigkeit in Ihren Kirchen, durch Briefe an Ihre Repräsentanten in öffentlichen Ämtern. Unsere Beteiligung muß jetzt aufhören, und dann kann unser Einfluß zugunsten von Gerechtigkeit und Rechtlichkeit den Krieg zu Ende führen helfen."

VIII.

Eine dänische Stimme über Wilsons Schuld.

Die amerikanischen Staatsmänner haben oft und laut die „geheiligten Grundgesetze der Menschlichkeit und Gerechtigkeit" angerufen; sie haben vom Weltfrieden mehr als zur Genüge geredet. Wilson hat wiederholt aufgefordert, für den Frieden zu beten. „Ich bete zu Gott, daß dieser Krieg recht bald zu Ende gehen möge", so äußerte Wilson in seiner Antwort auf ein Telegramm Kaiser Wilhelms vom 7. September 1914 über die Dum-Dum-Geschosse. Was soll man dazu sagen angesichts seiner Stellungnahme zu den Massenlieferungen von Waffen und Munition? Ein hartes Urteil mußte sich jedem auf die Lippen drängen, der Wilson zum Friedensgebet auffordern hörte. Wer für sich in Anspruch nimmt, der Hüter der erhabenen und heiligen Rechte der Menschlichkeit zu sein, kann nicht erwarten, daß man ihm glaube, wenn er — statt den Frieden zu fördern — alles tut, ihn in unabsehbare Ferne zu rücken.

Diese Maske ist nun ganz gefallen. Aus dem stillen Geschäftsteilhaber der Entente ist ein offener Gesellschafter geworden. Der längst unser Feind war, hat sich vor aller Welt als solchen bekannt.

Über Wilsons Neutralität und Friedensliebe fand Anfang Februar 1917 die dänische Zeitung „Extrabladet“ treffende Worte, als der Präsident die neutralen Staaten aufforderte, sich seinem Vorgehen gegen Deutschlands Kriegsgebieterklärung anzuschließen; sie verdienen, festgehalten zu werden:

„Es ist nicht unbekannt, daß der Weltkrieg jetzt 2½ Jahre gedauert hat, ohne daß es Wilson jemals eingefallen ist, als Beschützer der neutralen Staaten aufzutreten. In dieser Zeit hat Amerika an dem Kriege auf Seiten Englands für gute Bezahlung teilgenommen. Wenn wir angeben sollten, wieviele tausende Tote und Verwundete Amerika auf seinem Gewissen hat, so würden wir ganz gewiß zu einer hohen Zahl gelangen. Amerika hat England Geld geliehen und unzählige Millionen Granaten und Patronen und unzählige Mengen Geschütze, Gewehre und anderes Kriegsmaterial an England und Rußland geliefert. Ist es nicht eigentlich eine Verzerrung des Begriffes „neutral“, die Vereinigten Staaten eine neutrale Macht zu nennen? Wenn Amerika im August 1914 alle Ausfuhr von Kriegsmaterial verboten hätte, so wie es Dänemark getan hat, dann hätte man in Verbindung mit der Republik Wilsons von Neutralität sprechen können, aber Amerika hat förmlich die ganze Industrie umgestellt, um für eine Partei des Weltkrieges Waffen zu schmieden, und die Republik tat es im Schutze der Neutralität. In dieser ganzen Zeit war die Lage der kleinen neutralen Staaten Europas nicht angenehm, aber Herr Wilson kam uns nicht zu Hilfe, er rührte sich nicht eher, als bis ein paar amerikanische Schiffe angegriffen und einige amerikanische Bürger getroffen wurden. Da stand plötzlich die ganze Welt in Flammen, und als die deutsche Seesperrnote erschien und jetzt endlich der amerikanischen Waffenausfuhr ein Ende gemacht werden sollte, da zeigte sich plötzlich das Interesse Wilsons für die kleinen Staaten so lebhaft, daß er sie einlud, das Schicksal Serbiens,

Montenegros und Rumäniens zu teilen. Ist das nicht ein großartiger Gedanke? Amerika erklärt Deutschland den Krieg in einer Weise, daß Dänemark, Norwegen, Schweden, Holland, die Schweiz und Spanien die Arbeit und Gefahr übernehmen. Das Wort, daß die Einladung Wilsons an die neutralen Staaten ein verhängnisvoller diplomatischer Fehlgriff gewesen sei, wird bestehen bleiben. Man ist versucht, die Einladung, sich zu Ehren der verspäteten amerikanischen Friedensbestrebungen schlachten zu lassen, eine Dummheit oder Frechheit zu nennen. Wir wollen uns aber mit „Fehlgriff" begnügen, denn die Meinung ist ja doch die gleiche." —

Amerika hält's mit seinen Kunden; das war der Kern der Sache. Alle schönen selbstgerechten Phrasen und Sophistereien werden an dem Spruche der Weltgeschichte nichts ändern, der lauten wird:

Die „neutralen" Vereinigten Staaten von Amerika haben durch die Duldung und Förderung der Massenlieferung von Waffen und Munition an Deutschlands Feinde eine ungeheure Schuld vor Gott und der Menschheit auf sich geladen. Ungezählte der besten Söhne des Deutschen Reichs, das in gerechtem Krieg sein Dasein und seine Zukunft verteidigte, ließen ihr Leben durch die Schuld Amerikas. Trugen England und Rußland die Verantwortung für die Entfesselung der Kriegsfurie, so war die Weiterführung des Krieges das Werk der Vereinigten Staaten, die es vollbrachten im Namen der Neutralität und des Weltfriedens.

Druck der Norddeutschen Buchdruckerei und Verlagsanstalt, Berlin SW.

FSC
www.fsc.org
MIX
Papier | Fördert gute Waldnutzung
FSC® C083411

Kolibri 360 GmbH
Ferdinand-Jühlke-Straße 7
99095 Erfurt, Deutschland
produktsicherheit@kolibri360.de